小北斗的夜空 之
寄往天國的情書

LOVE NEVER ENDS

圖・文

阿肥

青森文化

小北斗的夜空 之
寄往天國的情書

~ 給我最 ❤ 愛 的肥媽

前言
留給最愛的說話

　　媽，妳走了！不知不覺三年了！

　　其實，絕對不是不知不覺，因我每天都數著妳我分離了多久？我何時才有機會和妳重聚？猶如孩童時代，每天數著手指，期待放假妳帶我出外遊玩一樣；只可惜，無法預知和無了期的等待是最難捱的。

　　妳在 2020 年 1 月 30 日（四）離開我，我在半個月後的情人節（2020 年 2 月 14 日）送別妳；每一個日子、每一個片段，至今仍歷歷在目、刻骨銘心！我多麼希望能為妳再做多點甚麼，因我已再沒有機會孝順和報答妳。為妳寫一本書是我的心願，我希望把此書送給妳，作為我倆深愛對方的見證。

　　我不奢望成為甚麼知名作家，只想把我倆的珍貴回憶寫下來。由 2005 年 9 月 8 日妳突然中風，我開始撰寫網誌《曲奇餅堡壘》開始（可惜網站最終關閉，堡壘隨風消失），直到 2017 年 6 月我在 Facebook 開設專頁《小北斗的夜空》，內裡每一個文字、每一張照片，都蘊藏著我的經歷和心聲、我對妳的剖白和愛意。

今次這部作品，我嘗試換一個角度，盡量盛載祝福和愛意，傳送給天國的妳。過去的眼淚實在流得太多，我不想這份禮物再增添妳的負擔。不過，適度的眼淚還是有的，因日子不是天天快樂，天氣也不是天天晴朗；更重要的是，我真的十分想念妳！

　　親愛的肥媽，妳聽到嗎？阿肥在呼喚妳，把愛意和思念透過這本情書傳送給妳，希望在天國的妳，會笑納阿肥這份心意。

　　衷心祝福妳幸福快樂！

　　記得我們曾勾過手指尾嗎？就讓我們約定「天國再見」！

永遠愛妳的二女兒

阿肥

上

SMILE
WONDERFUL

LO
VE

ing...

目錄

第六章：寄往天國的情書

第七章：再度離別的心情

第八章：北斗劃過的星痕

1. 剪指甲

小時候，我的手指太小，妳為免弄傷我，特地買了一個迷你結他型指甲鉗幫我剪指甲。

這個獨一無二的指甲鉗，一直靜靜躺在抽屜裡，不知不覺躺了四十年，直到一天，我執拾東西時無意中發現。

印象中，妳幫我剪指甲，應該剪到我小學四年級吧？自我九歲開始，我懂得自己剪了。

怎會想到，十九年後的秋天，我妳的角色會突然調轉？自2005年9月8日（四）開始，換轉我幫妳剪指甲了。

媽，妳知道嗎？

每當我握著妳那雙溫暖柔軟的手和冰冷纖幼的腳，睜大雙眼全神貫注替妳剪手指甲或腳趾甲時，我就很感觸、很想哭！

這雙手和這雙腳，實在太操勞、太累了吧？累到再無力提起，再無力照顧我。

我多麼希望妳我的角色能再度調轉，妳溫柔地握著我的手幫我剪指甲，我撒嬌地挨著妳聆聽妳講故事。

可惜，身份已經調轉，就不能再對調；我只好緊抱昔日的記憶，像妳以前照顧我一樣，用心照顧妳。

親愛的朋友：

　　假如你已經長大，媽媽已經年老，請你花點時間，幫媽媽剪指甲；因為年事已高的她，視力和雙手的穩定性或許已經大不如前。

　　在我心目中，能夠握著媽媽的手，幫她剪指甲是幸福的！正如孩童時，她們握著我們的小手，溫柔地幫我們剪一樣！

　　我已沒有這個福氣，假如你仍有機會，請你好好珍惜！

　　千萬不要忘記是誰用雙手抱著你、愛護你和照顧你；也千萬不要因為怕難為情而卻步；因為這難能可貴的感覺，將成為你和媽媽心中永恆的回憶。

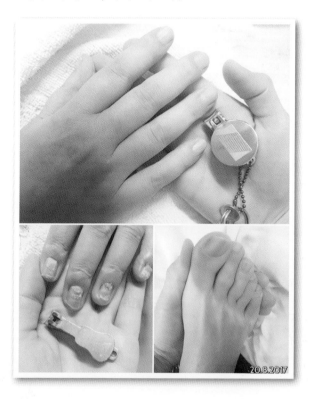

20.8.2017

2. 第一次

　　常聽人說，在孩子的成長過程中，媽媽對女兒、爸爸對兒子來說尤其重要，因為他們要擔當孩子的模仿對象，很多成長任務都要靠他倆的指導才能完成。

　　在我的成長過程中，我很感恩有妳這位好媽媽一直耐心指導我，就像小鴨跟媽媽學游水、小樹熊跟媽媽學爬樹、小燕子跟媽媽學飛一樣，我人生很多個第一次，都是妳親自教我的。

　　先不說嬰孩時代那些牙牙學語、學吃飯、走路、穿衣、上廁所等成長任務，我第一次穿校服綁蝴蝶結，是妳教我的。

　　第一次買車票乘地鐵，是妳教我的。

　　第一次梳辮子，是妳教我的（之後我常捉妹妹做白老鼠，嚇得她咿嘩鬼叫！因我不但把她的頭髮弄斷，更把她兩條孖辮梳成了兩支掃把）。

　　小學四年級第一次來月經，是妳教我用衛生巾的（我當時超害怕，以為今後每天都要夾著這塊大棉巾，屁股不出熱痱才怪！幸好妳耐心向我解釋，原來每月只需使用一星期）。

　　肥胖的我比其他女同學早熟，穿體育衫上堂跑步時超尷尬！妳發現後，帶我到內衣店買胸圍，教我如何雙手反後把胸圍扣上（因難度實在太高，之後一段時間都是找妳幫我扣的）。

還有，第一次到街市買餸、第一次洗米煮飯、第一次織頸巾、第一次煮公仔麵和煎荷包蛋，都是妳教我的（遺憾的是我經常把荷包蛋弄成炒蛋，因我不懂怎樣把蛋翻轉而不弄穿蛋黃）。

　　我大學畢業出來工作，原本應換轉我給妳很多個第一次，如：第一次買樓，讓雙膝勞損的妳不用再爬唐樓的長樓梯；第一次帶妳暢遊歐洲等世界各地、第一次讓妳牽著我的手步入教堂、第一次讓妳被呼「外婆」，重出江湖替小孫女梳辮子、接送她返學和放學。

　　很多充滿夢幻的第一次，對一般人來說是如何理所當然，但原來對於我來說，卻是天方夜譚和痴心妄想！

　　我一直沒有向妳正式道歉，我不單沒有給妳很多個平凡、普通的第一次，還逼妳陪我一起經歷了很多個另類、可怕的第一次！

　　媽，對不起！阿肥太沒用了！

　　無論如何，感謝妳一直以來對我的包容和教導，在妳這個溫暖太陽照耀下，小花如今順利長大了。

3. 孖辮妹

妳曾説過,小時候的我很少頭髮,妳幫我用雞蛋白洗頭,洗了一段日子後,頭髮漸漸長多了(但我更相信是因為妳每天為我烹調營養豐富的美食,食到我胖嘟嘟之餘,頭髮亦越長越多)。

妳曾説過,妳喜歡女兒,因女兒較乖,且可替她打扮。自我有頭髮開始,頭頂就長了一棵冬菇丁;在妳悉心栽種下,漸漸變成兩條長孖辮。

「孖辮妹」是阿肥的標誌,妳梳辮子的手法十分純熟,很快就能結好一條又長又靚的辮子。

我唸小學二年級時,一天,妳一手抱著妹妹,一手拖著我過馬路,途中,我感到有人摸了我的臉一下。

我即時告訴妳我的感覺,但因當時我們身處馬路中,妳需盡快拖著我前進,遂不以為意回了我一句:「可能啲人覺得妳可愛啦!」

回到家中,妳準備幫我洗頭沖涼,解開辮子,才驚覺中段竟然斷開了!原來,剛才過馬路時我感到有人摸我的臉,應是剪刀劃過我臉的感覺!

「媽咪,我好驚!我好驚神經佬嚟捉我!我唔再梳孖辮喇!」當晚我擁著妳哭了很久,妳心痛地安慰了我整個通宵。

翌日,回到學校,老師和同學看見我的新形象,都表現得很震驚!眾人隨即起哄:「陸美玲,妳做乜剪咗條長孖辮?」

我強作鎮定：「尋日媽咪帶我出街，過馬路時俾人剪咗！」

眾人震驚得說不出話，我握著拳頭渾身顫抖，淚水在眼眶裡打轉。

大學畢業後，我愛上跳舞，絕食減肥，結果四個月內成功減掉了七十多磅，但同時換來停經五年、大量脫髮、成了「老夫子」！

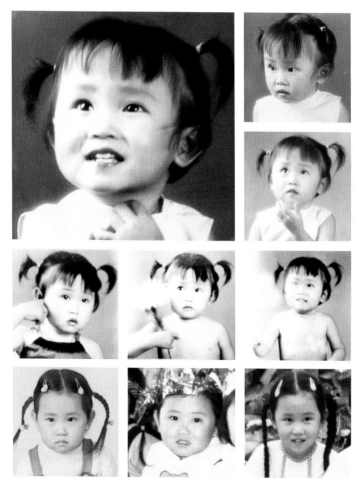

過去十多年，我曾剪短過三次頭髮，本想扮「陳茵媺」，沒想到出來的效果卻更像「八両金」！躺在床上的妳，凝望著我的冬菇頭，神色凝重地說：「阿……肥，妳留……長頭髮……靚吶！」

　　我也覺得是！因為我的臉圓，像個巨無霸（妳以前已常說我的臉像個湯碗），長髮可以稍作遮掩，雖然很多時我也會把頭髮束起。

　　如今的我，頭髮越掉越多，髮絲越來越少，馬尾早已變成老鼠尾！雖然如此，我已決定不再把頭髮剪短，因為長髮是肥媽為阿肥營造的標誌。

　　謝謝妳曾經把阿肥打扮得這麼漂亮，雖然如今的我已不會再梳孖辮，但會永遠保留著這份純真可愛。

4. 回憶裡的幸福肥

　　我是一位老婆婆，很喜歡懷緬過去。

　　我的記性向來不錯，只是一直沒有探究記憶庫有多深？內裡藏著甚麼寶藏？直到開始提筆寫這本書給妳，我才發現自己的記憶庫深不可測，內裡藏著無數寶藏，而每件寶藏都有妳的存在。

　　我想起以前每晚吃完晚飯後，妳問我明天想吃甚麼餸菜的畫面。

　　「我想食薯仔炆雞翼、豆豉蒜頭蒸排骨、洋蔥豬扒同黃芽白雞湯。」

　　我看見妳把一大煲愛心糖水放在餐桌，叮囑我回家後享用的便條。

　　「阿肥，阿媽煲咗雪梨蘋果水、紅豆沙、椰汁西米露、蕃薯糖水、腐竹糖水，妳去廚房攞個碗出嚟食啦！」

　　我聽見在廚房炒餸、炒到滿身鑊氣的妳熱情叫喊，問我想吃多少隻荷包蛋的聲音。

　　「我要五隻！」妳煎的荷包蛋色最色香味俱全了，蛋白邊香脆，蛋黃呈流心，我最愛篤穿蛋黃來拌飯，一次可扒掉三大碗飯！

　　我嗅到每年農曆大年卅晚，妳把剛烹調好那一百隻茶葉蛋從廚房拿出來時飄來的香氣，我即席剪綵幫妳試味，一試又試了五隻！

我想起妳睜大雙眼拆魚骨為我煲菜心鯇魚粥；我看見妳細心幫我把提子去皮去核放在雪櫃待我回家享用；我吃蘋果、西瓜、蜜瓜、哈密瓜、沙田柚、火龍果從不會沾污手，只需用叉篤入口。

　　即使身體不適，妳仍堅持接送我上學放學，幫我拿書包；即使天氣多冷，妳仍堅持一大清早起床，幫我烹調新鮮早餐和帶回校的愛心飯壺；即使放工回來後多累，妳仍為我煮飯、洗碗、切生果、熨校服和溫書；妳寧願自己省吃省用，也要給我最好的生活。

　　很多人問我為甚麼叫「阿肥」？因為由小到大我都有幸福肥。

　　很多人問妳為甚麼叫「肥媽」？因為妳是阿肥最愛的好媽媽。

　　我把回憶庫裡的寶藏逐件取出，細心重溫內裡的每一個片段。

　　謝謝妳用愛把我的記憶庫填滿，讓我成為全世界最幸福的阿肥！

5. 天使媽媽的童年

妳曾告訴我，小時家裡很窮，生日沒有慶祝，更遑論有禮物收了。

妳四歲生日那年，大伯伯送了一個用膠紙黏著的皮球給妳，妳很開心，即時回家拍皮球，怎知才拍了兩天，球就洩氣了！原來皮球早已破洞，大伯伯買了一個新皮球給女兒，把這個穿洞的舊皮球用膠紙修補後轉贈給妳。

那次是妳第一次收到生日禮物，天真的妳還滿心歡喜！怎知道開心不到兩天，隨即被打回原型！但妳沒因此責怪大伯伯，反而感謝他讓妳有機會拍了兩天皮球。

妳曾告訴我，外婆重男輕女，從不買玩具給妳。

那年，妳五歲，在家悶得發慌，忽發奇想，獨自往河邊玩拋石頭。妳拾起地上的小石頭，把它拋進水裡，「噗通！」真有趣！妳全神貫注地拋石頭，冷不防危險正從背後逐步逼近。

「文英！」一把響亮的聲音由遠至近傳來。

「我喺度！」乖巧的妳立即揮手回應。

接著的畫面是，暴跳如雷的外婆邊大罵邊拉著妳的耳朵，從河邊走回家；即時請妳吃了一頓豐富的「藤條炆豬肉」，罰妳跪在土地公面前，不准吃飯！妳又痛又餓哭了整個通宵，但妳沒因此責怪外婆，反而覺得自己做錯，外婆因為著緊妳，才請妳吃藤條炆豬肉。

妳曾告訴我，小時候農曆新年，家裡從來沒有糖果。

妳從沒嘗過朱古力的味道，只能間中偷偷往廚房拿玻璃瓶裡的冰糖碎放入口淺嘗；因此，妳的牙齒潔白整齊，從來不用看牙醫。

妳曾告訴我，外婆管教很嚴，從不讓妳和朋友外出遊玩。

妳唯有發揮創意，和大自然玩遊戲，其他小朋友聚在一起撲蝶，妳則踮著腳尖捕蟬。妳拾起地上的樹枝，把麵粉糰貼在枝頭，把樹上的蟬輕輕黏下來，放牠進瓶裡叫一會，再把牠放回樹上去。妳說妳不喜歡撲蝶，因為蝴蝶太脆弱，很容易一命嗚呼！妳喜歡在大自然裡尋樂趣，但從不會傷害弱小的生命。

妳曾告訴我，小時生活艱苦，妳不想妳的女兒和妳一樣，所以即使再辛苦，也要給我們最好的生活。

由小到大，我從來不缺玩具，三歲那年，我因大便下血進醫院做手術，妳省吃省用，花了大半個月工錢，買了一隻巨型大傻豹陪我入院。

幼稚園開生日會，妳會為我煮紅雞蛋和買瑞士卷讓我帶回校，和校長、老師、同學和校工一起品嚐。

妳每天來學校接我放學，之後定必帶我和妹妹到中聯國貨公司喝一瓶冰凍鮮奶或朱古力奶；反之在烈日當空下，替我拿書包拿到大汗淋漓的妳，卻從沒說過半句口渴。

要說的永遠說不完，要數的永遠數不盡，只因妳是多麼偉大，多麼愛我。

媽，謝謝妳從天上降落凡間，做阿肥的好媽媽！如今妳已完成使命返回天國，作為妳的女兒，會緊握著妳交給我的棒，接力把妳的愛傳承下去。

6. 超人肥媽

做媽媽，很不容易！做阿肥的肥媽，就更充滿挑戰，真是少一點心血也不可以！

「歪鼻的秘密」

幼稚園低班，一天，妳帶我到酒樓品茗，妳叮囑我乖乖坐著吃點心，我卻因為巧遇同班女同學，興奮地和她互相追逐；冷不防被她大力一推，我旋即向前仆倒。

「嘭！」整張臉不偏不倚，撞向金光閃閃的「龍鳳聯婚」下面！

頃刻，全場轟動！所有食客站起身來，有些更上前圍著我。

妳立即跑過來抱起我，眼含淚光心急如焚地問我：「阿肥，妳痛唔痛？」我因為怕被妳罵，雖然鼻孔和牙齒流著血，仍邊哭邊笑說：「唔痛！」妳立即幫我塗「跌倒油」（黃立光止痛止血油），再抱我到急症室。

X光一照，鼻骨微裂，從此每逢大哭大笑，我的鼻子都會微歪！翌日，整張臉更腫到變豬頭！結果，一星期不用上學，在家做豬八戒！

「小花傘公主」

幼稚園高班，我被老師選中，和三位女同學一起在畢業禮上表演跳《小花傘》；我自覺跳得不好，很想中途退出。

妳鼓勵我，陪我一起練習，幫我梳髮髻，帶我往「中藝」買小紙傘和舞衣；結果，在妳的鼓勵下，我的舞姿進步神速，被老師編排站在中間位置。

畢業禮當日，演出空前成功，觀眾都大讚小公主漂亮可愛。

「藤條炆豬肉」

妹妹升上小學後，妳為了賺錢養家，外出工作。

一天，妳給我二十元，叫我和外婆一起出去吃碗雲吞麵，回來把餘錢退回給妳。

我抵受不住誘惑，吃飽雲吞麵後走去 shopping，買貼紙、薯

片、雪糕和香煙朱古力，把餘錢全部花掉！結果，我尚未拿出香煙朱古力扮 Mark 哥，妳先請我吃了一頓「藤條炆豬肉」！

還有一餐藤條炆豬肉，味道和印象更深！

外婆性格兇惡、橫蠻小氣，最偏心姊姊（姊姊由她帶大），最不喜歡我。

一次，我和她吵嘴，罵了她一句「死八婆」，她竟坐在家樓下公園扮哭，天黑仍不肯回來！妳費盡唇舌哄外婆回家，叫我跪在她面前，邊哭邊用藤條打我，要我向外婆道歉。

那時外公恰巧從美國回來，坐在客廳吃啤梨，望著我邊跳邊哭，心痛得熱淚盈眶（外公本身最疼錫我）。

當晚，我的屁股很痛，但我發現，妳好像比我更痛；因為當我已哭不出時，妳邊幫我的屁股塗「跌倒油」，邊不停流眼淚。

「閃閃生輝的肥媽」

小學時，我很喜歡集圖，買了多本動物和卡通集圖冊，經常扭妳買集圖貼紙給我。

升上中學，我愛上黎明、林志穎和楊采妮，加入黎明和楊采妮歌迷會不特止，還經常拿妳辛辛苦苦賺回來的血汗錢跑去扭閃卡、買明星相和寫真集，激到妳金光閃閃！

我不事生產，但擅長消費，常用妳的錢走去買故事書、錄音帶、書籤、薯片和麥當勞；還經常潛入姊姊房間偷吃她買回來的零食（蝦片和魷魚絲），結果被她大罵，要「肥債母還」。

妳有我這個為食大花筒，怎可以不努力工作賺錢？

「麥當勞叔叔」

升上中學，妳為免我上學時因小巴站太多人排隊遲到，即使校巴費貴乘小巴的費用三倍，仍堅持讓我搭校車。候車處就在我家樓下麥當勞對面，步行約兩分鐘就到。

一天早上，我如常吃過妳為我烹調的豐富早餐，拿了妳一早起來為我準備的愛心飯壺後出門上學。

眼見校巴由遠處駛來，我走近馬路邊，忽然聽見後方傳來一把響亮的聲音：「阿肥！」

我朝著聲音方向回望，看見一位頭髮凌亂（沒有梳頭）、身穿短袖衫和孖煙囪、腳穿拖鞋的麥當勞叔叔，拿著一袋東西邊大聲叫嚷，邊氣急敗壞橫過馬路，朝著我的方向走來。

「阿肥，妳唔記得拎體育衫呀！」

我從麥當勞叔叔手上接過體育衫，校巴司機微笑望著我搖搖頭；那個令全街途人矚目、成功救了我一命，使我不用被體育老師責罰的麥當勞叔叔，就是妳！

7. 情深相約迪士尼

我很喜歡迪士尼和公仔，因為我永遠長不大；妳也很喜歡迪士尼和公仔，因為妳和我一樣充滿童真。

第一次和妳暢遊迪士尼是 2003 年 9 月，那是我出來賺錢後首次請妳去旅行，地點是我喜歡的日本東京和北海道。我倆一起踏進眼前這個童話世界，興奮地四出找卡通人物合照。我倆一起玩機動遊戲、買公仔、朱古力和曲奇餅，過程充滿浪漫和幸福。難忘的是中途發生了一段小插曲，嚇得我差點報警！

園內廣播：「迪士尼花車巡遊快將開始……」

巡遊路線兩旁築起了厚厚的人牆，我欲找個有利位置和妳一起觀賞，沒想到找到位置後，妳卻不見了！

悠揚樂韻響起，米奇老鼠和唐老鴨輪流出場，一眾卡通人物在大道快樂起舞，而我則在一大群屁股後急到跳舞！

眼見巡遊快將結束，仍不見妳的蹤影，我遂轉移目標往找領隊，我需要他的協助，帶我到客戶服務處廣播尋媽了！

花車巡遊結束，人潮陸續散去；此時，一把興奮的聲音從遠處傳來：「阿肥！」

手拿著米奇老鼠公仔、笑到見牙不見眼的妳從人群中鑽出來，邊揮手邊向我走來。

「媽，妳去咗邊呀？嚇死我喇！我差啲想報警呀！」

「阿媽去咗睇巡遊嘛！走去前面睇得清楚啲呀！嘩！好得意！好好睇呀！」

「妳就好睇喇！慘得過我，睇住一大堆屁股搵妳呀！」

眼見妳平安回來我身邊，笑容比白雪公主還要甜，我再也氣不下了！

東京迪士尼之後，我一直期盼再和妳一起攜手看巡遊，沒想到兩年後願望有機會成真，迪士尼將在香港落成。但更想不到的是，妳於樂園開幕前四天，隨長者中心外出參觀期間，突然中風倒下了！

妳再坐立不穩、步行不到、看不清楚、吃不到東西，但這一切打擊，並沒有磨滅我再帶妳往迪士尼看巡遊的決心！

經過了一年時間的治療，眼見妳已完全甦醒，病情轉趨穩定，2006年仲夏，我決定實踐再和妳一起往迪士尼看巡遊的夢想，只是今次不用乘飛機，改乘復康巴了。

為了確保妳的安全，我邀請了妹妹和兼職褓母一同前往；由預約酒店、策劃路線、編排行程作息時間表、以及一切護理妳的工作，我全部一手包辦。

我帶齊妳所需的藥物、尿片、針筒、奶品、管飼器具和醫護用品，帶妳來到這童話世界，和妳在酒店孖鋪，渡過難忘的兩日一夜。

旅程結束前，我特地買了三張「全年通行證」給妳、妹妹和我，好讓我們日後可隨時帶妳來樂園延續童話世界的夢。

自從發現可帶妳乘搭港鐵迪士尼線到達目的地，我經常獨自帶妳前來，儘管每次都是來去匆匆（因我必須依時帶妳回院舍幫妳換片、餵藥和上奶），但我真的十分沉醉和妳一起暢遊樂園的快樂時光。

最難忘的一次，發生在 2009 年 4 月 29 日，那天是妳和妹妹新曆生日。事前我特地致電迪士尼樂園工作人員，希望為妳和妹妹營造一個難忘的生日回憶。

　　感謝工作人員的通融和答允，讓我們有機會和米奇、米妮獨處，當日在米奇大屋裡，米奇、米妮和一大班工作人員簇擁著妳，與我和妹妹一起為妳高唱生日歌；妳那張笑到像向日葵的臉，我今世也不會忘記！

　　2018 年 5 月 31 日，最後一次帶妳走進這童話世界，可惜過程卻充滿眼淚和哀傷。

　　當天天氣很熱，虛弱的妳十分疲累，我們在過程中遇上不少阻滯，更遇上沒有同理心的工作人員，他們對妳的冷言冷語，令妳飽受委屈，令我十分難受。我感到很內疚和難過，全因我一廂情願的喜歡，累妳受到歧視和傷害。

無論如何，親愛的肥媽，謝謝妳！

謝謝妳曾經陪我一起追夢和探險！

謝謝妳曾經陪我一起開心地合照！

謝謝妳曾經陪我一起扮演童話世界的公主！

8. 天使的光環

　　每個人在世上都有其獨特的角色和使命，妳的一生，無疑充滿了困難和挑戰，但妳並沒有因此退縮，反而積極面對，這促使妳成為我的偶像，更是我潛移默化的模仿對象。

　　妳性格乖巧、心地善良、喜歡上學、讀書成績好、老師喜歡妳，妳在學校經常獲頒紅領巾，是老師和同學眼中的模範生。

　　可惜，家境清貧，外婆重男輕女，妳唸到初中後被迫輟學，出來工作，賺錢養家。妳做過紗廠、車過假髮、帶過小孩、啤過錶帶、包過湯圓；紗廠那份工作，我聽了也覺心寒。

　　因為紗廠人工不錯，未到廿歲的妳在外婆慫恿下投身此行，每月把薪酬全奉獻給她。妳負責細紗部，工時長、工種吃力、整天站立、鼻孔吸著棉花、沒有吃飯時間。每天工廠只會派一個麵包，肚餓時只能躲到廁所，偷偷拿在家帶回來的飯壺匆匆扒兩口飯。

　　「人哋喺隔鄰屙屎，我哋就踎喺度食飯。」

　　妳語帶輕鬆說著，畫面卻令我心寒！難怪當時妳的體重跌到不足 90 磅，其後更患上肝炎！外公見妳這樣辛苦，不讓妳再做下去了。

我性格乖巧、心地善良、勤力讀書、對自己要求很高，給妳很大壓力。每逢測驗考試，妳必受罪，因我經常溫到通宵達旦不肯睡、怕成績不好經常哭、臉上塗滿白花油和保心安油、逼妳幫我背書，累妳流失了不少心血。

　　「阿肥，盡咗力就得喇！妳唔好再溫喇！阿媽驚妳讀傻咗，到時真係唔知點算喇！」

　　因為由小到大見妳這樣辛苦，我下定決心一定要考到好成績，結果給了妳極大的壓力。

　　妳每晚放工回來其實已經很累，仍堅持為我們煮飯、洗碗、切生果、熨校服。沖涼後，原想安坐看報紙歇息一下，卻被我這個橫蠻訓導主任逼妳聽我背書！可憐的妳，眼睛常累到半合、老花眼鏡滑到鼻樑，仍笑著為我打氣：「嚟！阿媽同妳一齊努力！人哋陪太子讀書，阿媽就幫阿肥背書，同阿肥一齊背中史！」

　　慶幸妳的付出沒有白費，最終我變成了一粒小北斗，在夜空發光發亮。

　　從事安老服務社工這麼多年，我經常聽到以下這句對白：

「我哋細個嘅時候生活好艱苦！」白髮蒼蒼的他們常向我訴說，我亦對他們的經歷深表同情。

事實上，生於不同時代，活在不同境況，人生總是充滿挑戰和無奈。我又何嘗不是？我一生最感難過和遺憾的，就是未能回報妳的愛，給妳幸福快樂的生活。

聽說佛家有「迴向」這概念，把自己所作的功德回饋往生的人。

我雖帶了妳投靠天父，但仍希望妳頭上的光環能越閃越亮，好讓天父不戴老花眼鏡都能清楚看見妳，好讓我抓著天國門檻時能成功偷望妳。

陳牧師安慰我：「妳媽媽已經完成人生使命，到天國享福，反而我哋呢啲留喺世上嘅人要繼續勞苦。」假如我認同陳牧師的說話，我一定要加倍努力，取得更好的成績，不可讓天父和妳的老花眼鏡滑下來。

媽，當妳發現頭上的光環越閃越亮，那是告訴妳，當年激到妳蹦蹦跳的阿肥，並沒有辜負妳的期望。我有乖乖聽妳的話，努力在儲天國的印花，終有一天飛來妳身旁，給妳一個浪漫的驚喜。

9. 旅行的意義

回憶，常存於腦海之中；但有更多回憶，能透過照片留下來。

小時候，最開心是可以去旅行。

幼稚園旅行規定有家長陪同才可參加，同班男同學吳志文的媽媽沒空，吳同學很失望，妳遂向吳媽媽建議帶他一同前往。當天早上，回校集合，妳的褲子卻突然爆軚！但為免我倆失望，妳用扣針扣著，如常帶著我們兩隻小鴨隨隊出發。

那天我倆都玩得很開心，妳的大腿卻被風吹到涼浸浸！我和吳同學品嚐妳弄的雞翼、三文治和蘋果水，吃得津津有味！吳同學偷偷對我說，他很羨慕我有個好媽媽！

小學一年級學校旅行，地點為太平山頂。

妳買了一頂花花太陽帽給我，把我打扮成一個漂亮的洋娃娃；帶我到超市買零食，讓我和同學一起分享。

太平山頂，微風輕吹，同學啃著果醬麵包，我卻咬著鹽焗雞髀；同學喝白開水，我卻喝愛心雪梨水；妳特地買了數袋蛋糕仔給我，叫我和老師同學一起分享。

小時候，我最愛向妳撒嬌，要妳帶我到荔園遊樂場。

我最愛玩旋轉木馬和餵山羊，妳最擅長擲香口膠；我跟隨妳的屁股和妳一起擲，結果把錢幣統統擲進中間大洞裡去，全膠覆沒！

早幾天，在衣櫃裡無意中發現一本舊相簿，內裡藏著昔日妳帶我和妹妹出外旅行的照片，原已封存的記憶，頃刻重現眼前。

妳辛勤工作、省吃省用，就是為了帶我和妹妹遊歷世界。妳曾帶我和妹妹參加過三次中國短線團和一次泰國五天團；孫中山故居、從化溫泉、七星岩、世界之窗、深圳野生動物園，都曾有過我們的笑聲和足跡。

最難忘的是中七那年暑假，妳帶我和妹妹往泰國旅行，同班女同學聽見後十分羨慕，要求跟我們一起前往，妳欣然答應，全程對我們三個女兒照顧周到。我們一起坐玻璃船、餵大象、餵老虎BB、看人妖表演、和軍人玩射擊，每個精彩快樂的回憶，都是妳給我們愛的見證。

媽，謝謝妳一生為我付出那麼多，待我那麼好，可惜我沒有足夠時間報答妳！如今的我，只能盡力做好自己，爭取入閘的機會，期待他日來到天國再好好報答妳！

10. 找叮噹幫忙再愛妳

　　假如我有叮噹相伴就好，我有甚麼困難，牠都幫我解決得到。假如我有叮噹相伴就好，牠有很多法寶，我不怕再見妳不到。

　　我會問叮噹借「隨意門」，即時來天國看妳生活得好不好。

　　★「隨意門」可連接任何地方，只要打開踏過門檻，可即時抵達目的地。

　　我會叫叮噹帶我坐上「時光機」，讓我回到幼稚園，從頭開始學習孝順妳。

　　★「時光機」暗藏在書枱的抽屜，坐上去能即時進入時光隧道，穿越過去和未來。

　　我會叫叮噹借「竹蜻蜓」給我，讓我可以隨妳在天國周圍飛翔，飽覽四周優美的景色。

　　★「竹蜻蜓」像直升機頂的螺旋槳，把它貼在頭頂，就能像小鳥一樣，在空中自由飛翔。

　　我會叫叮噹請我吃「誠實豆沙包」，讓妳知道我對妳的心意。

　　★吃過「誠實豆沙包」後就不會說謊，只會講真說話。

我會叫叮噹請妳吃「記憶麵包」，讓妳永遠記得我。

★把想記著的內容寫在「記憶麵包」上，吃過麵包，就能牢牢緊記。

我會問叮噹借「如果電話亭」，那我就可以與妳、大咪、小咪和二筒一起快樂生活了。

★任何說得出的願望，「如果電話亭」都能實現，只要對著電話筒說出來就可以。

假如我有叮噹相伴就好，那我就可以把過去刪除，重新再做妳的女兒，重新好好愛妳！

11. 童真

　　我喜歡公仔，最喜歡姆明、龍貓和唐老鴨，近來更喜歡上水怪。

　　我四、五歲時喜歡逛精品店，四十五歲依舊喜歡逛精品店，妹妹經常取笑我，怎麼小時候跟我上街，到現在跟我逛街，我依然喜歡往精品店裡鑽？

　　1999 年聖誕，五位中學女同學邀請我一起參加日本東京大阪七天團，正當她們結伴往銀座瘋狂購買名牌手袋和化妝品時，我獨自隨領隊往迪士尼找米奇老鼠唐老鴨。

　　或許因為潛意識不想長大，所以雖然經過歲月磨練，臉上皺紋越來越多、頭髮越來越少，但心境和嗜好依然充滿童真。又或許，因公仔蘊藏太多愛的回憶，深深牽引著我的心靈，驅使我愛不釋手，一直不捨得放下。

　　三歲那年，我因大便下血要進醫院做切除大腸瘜肉手術，妳花了大半個月工錢，買了一隻巨型大傻豹給我，讓它陪我一起住院。

小學一年級，我看中了玩具店櫥窗的 My Melody，每天放學都要妳帶我去朝聖後才肯回家；妳見我這樣癡情，說如果我考到頭十名就送給我。

結果，我考到全班第八名，妳拖著我的小手，奉獻了六十八元，讓我抱著這隻粉紅色長耳朵的白兔回家。三十八年前的六十八元，足夠買到十八個麥當勞漢堡包！

升上中學，「歡樂小天地」開遍全港，我被那色彩繽紛的花花世界所吸引，把妳辛辛苦苦賺回來的血汗錢常拿去射膠樽和拋彩虹，然後抱著一大堆公仔回來。

拍大學畢業照，我看中了一隻超巨型 Bear Bear熊，妳二話不說買來送給我，還配上一大束我最喜歡的向日葵，讓女主角的笑容比港姐冠軍還要美麗。

我穿的 T 恤、用的手袋、髮飾和文具；以及我送給妳的情侶裝、床上用品和睡衣，統統都印有公仔圖案。

我喜歡和妳分享我喜歡的東西，帶妳進入我喜歡的童話世界，那裡充滿快樂，沒有憂愁；充滿童真，沒有煩惱。

假如大家有天在精品店遇見我，請勿見怪，上前和我打個招呼吧！

我是永遠長不大的阿肥，那個充滿童真的女孩就是我！

12. 藉著冬夜說愛妳

　　小時候，每逢冬天，妳常擔心我夠不夠暖。

　　雖然妳已幫我穿到厚厚的、由頭到腳包到圓圓的、頸項圍著溫暖牌頸巾，雙腿穿上和暖芭蕾襪，恍如小雪人一樣。

　　如今我長大，換轉我來擔心妳了！

　　雖然我已幫妳蓋了數張珊瑚絨氈、穿上軟綿綿的卡通睡衣、用風筒吹暖妳的襪子，但我依然擔心妳夠不夠暖？（有次更一時大意吹到襪子出煙，觸動消防警鐘，結果午夜 12 時，全院響警報閃燈，消防員拉隊進來！他們環顧妳床的四周，看到目瞪口呆！最終接受我真誠道歉，笑著拉大隊離開）

　　照片和掛飾已貼滿妳床的四周，更延伸至天花板、洗手間及整間房間（連鄰床婆婆也一起受惠，不停炫耀她住的房間特別美麗），但我依然擔心，妳躺在這裡會否感到不安和害怕？

結果，每看見一樣漂亮的東西，我又買多一樣；每發現一張溫馨的合照，我又曬多一張；導致荷包越來越薄，妳的睡衣、毛氈和公仔就越來越多，床的四周和天花板就越貼越滿。

　　媽，我很想妳知道，雖然妳被可惡的阿肥送進了護養院，但妳不用感到淒涼和害怕，因為，阿肥已一併搬進來了。

　　我每天都會來院舍照顧妳，每晚都會在妳床邊陪著妳，不是因為未夠六十歲沒辦法拿多個床位，否則我一定光明正大做妳的鄰居，不用經常偷偷摸摸鑽進妳的被窩和妳孖鋪，每逢職員巡房或進來工作就立即狼狽爬出來。

　　這份愛的堅持，絕對經得起任何風吹雨打和時間考驗，絕對不會因為距離和歲月而改變。

　　肥媽，請妳相信我！

　　阿肥會永遠愛妳！

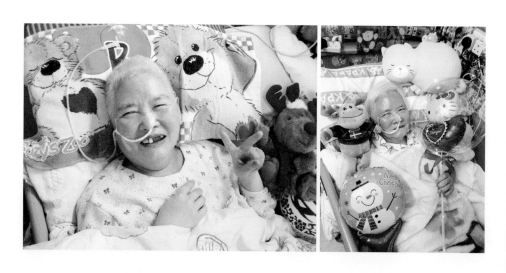

13. 湯圓的愛

悄悄告訴你們一個小秘密！

肥媽的烹飪技術很了得，尤其搓湯圓；所以由小到大，阿肥都吃到胖嘟嘟，像顆珍寶大湯圓。

自從妹妹升上小學，肥媽為了幫補家計，到了一間上海食品店打工，主力負責搓湯圓和站在滾燙的火爐前煎韭菜豬肉餅。

肥媽搓了湯圓十多年，一星期搓足七天，速度之快和製成品之美，連老闆娘也不是她的對手。

肥媽心地善良，雖被老闆娘刻意壓低工資，每年更只得大年初一至三合共三天年假，但她依然敬業樂業，毫無怨言。

每逢農曆新年前兩星期，是肥媽最忙碌的時間，晚晚加班至深夜不特止，年卅晚還要返通宵！一天廿個小時，雙手不停地搓，因為很多顧客來排隊買湯圓，他們都想買到肥媽親手搓的靚湯圓。

2015 年 8 月 31 日（一），是我三十八歲生日，臉皮厚厚的我告訴肥媽，我很想再次吃到她親手搓的靚湯圓。

我買了糯米粉和豆沙餡到院舍，肥媽雖然身體不適，但知今天是我生日，遂點頭答應，被我從床上抱起來，開工搓湯圓。

以前我不喜歡吃湯圓，因我不喜歡粉糰那種黏黏的口感，每逢農曆新年，肥媽用心為我們搓湯圓，芝麻、花生、豆沙三款，我通常只肯勉為其難吃一、兩粒。

可是現在，每一粒湯圓都來得不易，來得難能可貴，我把肥媽親手搓的湯圓放進水裡，借用院舍的微波爐叮熱，咬下去一刻，內心百感交集；肥媽躺在床上憐惜地望著我，雙眼熱淚盈眶。

　　肥媽，謝謝妳由小到大都這麼包容我、愛錫我！雖然我再吃不到妳親手搓的靚湯圓，但味蕾依然記得那份甜蜜的溫暖。我會耐心等待和妳重聚的一天，到時就可再度飽嚐肥媽牌靚湯圓了！

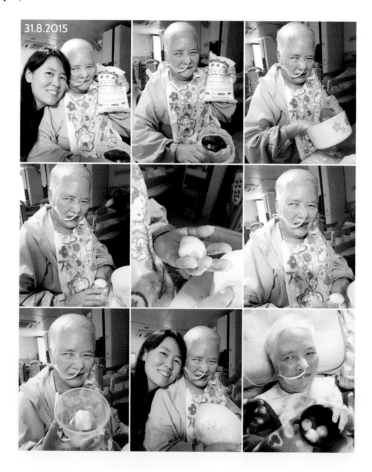

31.8.2015

14. 終身幸福

今早上班，八十二歲的潘伯問我：「阿肥姑娘，點解妳唔結婚？」

我笑著回應：「冇興趣，亦冇諗過！」

隨即跟鄰座李伯說：「我覺得佢好啱囉！人又叻又聰明，最重要係心地好！」

坐在對面的朱伯點頭搭訕：「咪係！一定係妳眼角太高！」

我立即申辯：「梗係唔係！都冇人鍾意我！」

李伯鍥而不捨：「我唔信！妳一定有男朋友！」

潘伯：「係啦！俾我哋睇吓妳男朋友張相啦！」

我舉手表示投降，把手機遞給潘伯，螢幕展示一張甜蜜合照。

潘伯望著照片，不作聲了。

今天下午，我又申請了半天假期，趕到院舍替妳護理後，眼見尚有一小時才到上奶時間，決定推妳到鄰近公園曬豬肉。

陽光耀眼，鳥語花香，遙望草地，有兩群年輕人在拍攝婚紗照。

我用輪椅推著妳，邊唱著歌，邊用手機和妳一起自拍了多張合照。

　　我真心覺得，我眼前這位終身伴侶是全世界最漂亮的，而我亦深信，唯有這位終身伴侶會永遠愛我和需要我！

　　所以，我已下定決心做老姑婆，一生一世跟著妳，妳休想丟下我了！哈哈哈！！！

15. 香甜鴨腳

2018 年 1 月 1 日（一），太陽伯伯放假，烏雲叔叔接棒，不能帶妳到公園曬豬肉吸收維他命 D；唯有改菜單，浸鴨腳啦！

浸鴨腳真的很重要，因為可以促進血液循環，且可保持鴨腳皮膚嫩滑。

所需材料：

勞碌一生青筋暴現凍冰冰冷鴨腳：一對
艾粉和薑粉（黑糖或浸腳浴鹽）：各一包
膠水桶：一大個
香甜潤膚露：一瓶

製法：

1) 注滿大半桶溫熱的水（必先用手試水溫），倒入艾粉和薑粉，用手攪勻。
2) 播放柔和音樂，逐一把鴨腳輕輕放進熱湯中，浸約三十分鐘。
3) 蹲在水桶前，小心翼翼把鴨腳逐隻拿起，用毛巾仔細抹乾。
4) 抱鴨腳上床休息，塗香甜潤膚露，再輕輕按摩。

新鮮出爐香甜鴨腳大功告成！多謝各位收看！

16. 生日的意義

8 月 31 日，是我的生日。

妳說：「一個人生日是其媽媽最痛苦的一日。」

這句話，我一直牢牢緊記，亦因為這句話，驅使我一直守護妳，不只是我生日那天，而是妳需要我的每一天。

2005 年，妳中風前八天，是我二十八歲生日；我如常拿了一天假期請妳吃壽司，再陪妳到診所約牙醫。妳有兩隻牙齒蛀了，因 9 月尾要代表長者中心出戰歌唱比賽，故要求預約 10 月的診期；步行往診所途中，我倆開聊起來。

「媽，點解我唔見妳著我買俾妳嗰件黃色曲奇怪獸 T 恤嘅？我哋情侶裝嚟嘛！」

「阿媽有好多衫喇！妳仲成日買俾我？唔好再啋錢喇！新衫梗係要留返喺重要時刻先著啦！」

「我鍾意買俾妳呀！我哋著情侶裝嘛！仲有，我俾妳啲家用，妳即管用，千祈唔好慳！我宜家出嚟做嘢，妳唔駛再好似以前咁，咁辛苦喇！」

52

「阿媽邊用得到咁多吖？我幫妳儲起嚟，等妳第時結婚用嘛！」

「我俾咗妳嘅錢，就絕對唔會攞返！我送俾妳嘅嘢，妳一定要用，唔好唔捨得用！我講個故仔俾妳聽，有個男人送咗一隻好靚嘅戒指俾太太，太太覺得好靚、好名貴，一直唔捨得戴。之後，太太喺一宗交通意外中過身，老公幫佢執拾遺物時，先發現隻戒指原來從來未戴過！」

「阿肥，阿媽唔怕死，最怕有朝一日病咗瞓喺張床度瀨屎瀨尿連累妳！」

我的口才向來不錯，但妳比我更適合參加辯論比賽！

八天後，妳隨長者中心往九龍灣參觀長者屋時突然暈倒，當時我正在沙田區一間護理安老院工作。我收到通知後，立即乘的士趕往聯合醫院急症室，眼看著昏迷的妳被救護員用擔架床抬進來，身上正穿著那件黃色曲奇怪獸情侶裝！

「我哋要幫妳媽咪急救，要剪爛佢件衫，有冇問題？」急症室護士的聲音如雷轟進我的腦袋。

「冇問題！」怎想到這件情侶裝，最終只能穿一次！

因聯合醫院和九龍醫院醫生放棄拯救妳，我把妳的病況傳真予多間私家醫院，最終仁安醫院願意接收妳的個案。

在聯合醫院留醫十四天，昏迷的妳被轉送到九龍醫院；兩天後（妳中風第十七天），我決定捍衛妳的生存權利、違抗醫生要妳躺在病床等死的指令，為妳簽署自行離院聲明書，電召聖約翰救傷車，把妳送往仁安醫院，同步聘請腦神經外科藍醫生和中醫針灸毛醫師合力為妳診治。

我回家拿存摺往銀行提款，方發現抽屜藏著一本「神秘存摺」，上面只有我的名字，記錄全部有入無出。原來，過去我每月給妳八、九千元家用，妳竟存回六、七千給我！五年多光景，合共存了近三十六萬元！而我，最終亦沒有食言，接著一年半時間，把整筆妳用心良苦、偷偷儲起來的秘密嫁妝，全數用回到妳的身上！

　　生日，很多人都會歡天喜地慶祝。

　　由小到大，每年生日，妳都會帶我到餅店，挑選我喜歡的生日蛋糕；升上中學，幾位女同學會送我一個；入讀中大社工，系會成員又送多我一個；所以，由小到大，阿肥名符其實是一個「幸福肥」。

　　可惜，自從過了二十八歲生日，我再收不到妳的生日蛋糕，我甚至很害怕收生日蛋糕，只因身心受重創的妳，再不能吃一口蛋糕。

　　唯獨性格比我強的妹妹，每年都為我的生日絞盡腦汁，希望給我驚喜；儘管我已多番強調我不想慶祝，不要任何禮物，因為只要有妳在我身旁，就是我最愛的生日禮物。

　　怎想到，過了四十二歲生日之後，我會永遠失去這份生日禮物；取而代之的是，我只能以絕飲絕食一天的方法來懷念妳。

　　假如生日理應慶祝和送禮物，我覺得應該送給主角的媽媽，而不是生日的主角。

　　「一個人生日就是其媽媽最痛苦的一日。」

我會永遠記得這個重要日子，肥媽最痛苦的一天，把阿肥帶到這世上來了！

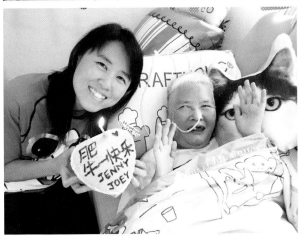

17. 壽星女的永恆回憶

自從 2005 年 9 月 8 日（四）妳突然中風，今後妳每個生日，我再不能請妳吃妳最愛的「氹氹轉」（妳幫迴轉壽司起的名字）和栗子蛋糕了。

長期臥床和插著鼻胃喉的日子並不好過，我不想妳每天躺在床上呆望天花那麼淒涼，所以經常構思不同節目，帶妳勇闖不同地方，希望置身黑暗的妳，能看見點點亮光。

迪士尼樂園、太平山頂、尖東海旁、太空館、海洋公園、昂坪 360、慈山寺、演藝學院、維園花展、工展會、年宵花市、麗星郵輪、西貢樟木頭老人渡假中心、壽臣山劇場、紅館演唱會、不同特色的公園（南昌公園、香港公園、九龍公園、荔枝角公園）和大小商場，都留下了我們的笑容和輪椅軌痕。

4 月 29 日，是妳和妹妹的新曆生日。

每年這個別具意義的日子，我都會申請假期，籌備節目和禮物，為妳們營造難忘的驚喜。而妳飛往天國前的最後三個生日，可說是我最刻骨銘心的回憶。

倒數前第三個：2017 年 4 月 29 日，妳七十四歲生日

最後一次和妹妹一起帶妳出外慶祝，最後一次帶妳到西貢樟木頭老人渡假中心和妳孖鋪，最後一次逼妳在卡拉 OK 室聽我開個人演唱會。同年 10 月，妳確診乳癌，生命開始步入倒數。

倒數前第二個：2018 年，妳七十五歲生日

越接近妳的生日，思緒越起伏翻騰，今年會是最後一次和妳慶祝嗎？我再沒有勇氣和心情籌備節目和禮物，除了因為死神如影隨形跟著妳之外，過去半年，光是雙標靶治療的費用，已花掉近五十萬！還未計每月逾一萬六千元的院舍費、醫療用品費和各項開支。

以前，每當我問妳想要甚麼禮物，可愛的妳總認真搖搖頭，用手指著我：「我……唔……要！我……要……妳！」

2018 年 4 月 16 日晚上，生日前兩星期，我替妳沖涼後，在床邊伴著妳聽收音機；妳突然含淚握著我的手：「阿肥……妳……照顧……我，好……辛……苦！」

媽，我一點也不覺得辛苦，我只是很心痛看著妳受苦！假如我能代妳許生日願望，我只希望用我的生命來換取妳的健康。

細心評估過妳的身體和精神狀況，妳七十五歲生日，我決定和另一位壽星女社工（妳的寶貝小女兒）破天荒地攜手合作，為妳在這間住了逾十二年半的院舍，舉辦一場大型生日會！

衷心謝謝您的愛

一切盡在不言中

Precious Moment 29.4.18

壽星女社工邀請了一大班朋友前來表演助興，我們圍在一起為妳高唱生日歌和切蛋糕，更請全體院友和同事吃壽包。

倒數前最後一個：2019 年 4 月 29 日，妳七十六歲生日

辛辛苦苦儲了十四年錢，我終成功買到一間小堡壘，作為送給妳的生日禮物。這份一生中最大的生日禮物，兌現了「我帶妳回家」的承諾，同時實現了我第一次、亦是最後一次，帶妳回堡壘過生日的願望。

虛弱的妳躺在床上，在我們三個女兒簇擁下，在堡壘拍下第一張、亦是最後一張全家福。這張難能可貴的照片，後來成了《善寧會訊》的封面。自從 2019 年堡壘生日過後，每年 4 月 29 日，我再不能左擁右抱兩位壽星女一同慶祝了！

自 2020 年開始，每年 4 月 29 日，這個別具意義的日子，我會把祝福郵寄給在天國的妳，把禮物送給在地上的她，感恩妳們同在這天來到世上，進入我的生命，默默疼愛、守護著我！

18. 靚靚睡公主

院舍職員都叫妳做「靚媽媽」，因為妳真的很靚，不只人靚，心地也靚！

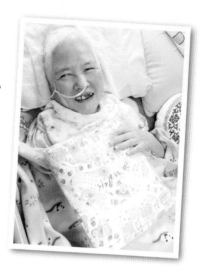

我喜歡買靚睡衣給妳，買到甚至成了睡衣店會員！因妳大部分時間都需躺在床上，我希望妳能穿得舒服，睡得安穩（雖然妳很容易醒來，聽到很微細的聲音，妳的雙眼也會睜開；聽見我的腳步聲前來，妳會立即轉個頭來望向我）。不只靚睡衣，妳有很多衣服都很靚，我不時會買情侶裝，妳一件，我一件，相同的，很浪漫！

每次送靚睡衣給妳，妳都會叫我不要再花錢，但同時展現甜美的笑臉。我很喜歡卡通公仔和粉紅色，常把妳打扮成甜甜小公主，看見妳那可愛的模樣，我會奢望能減輕一點妳的痛苦。

每晚放工來到院舍，我都會親手抱妳起來，用廁車推妳往浴室，幫妳洗頭沖涼。

我用無眼淚配方洗頭水為妳揉頭髮、用香甜沐浴露為妳搓全身、用柔軟大毛巾為妳抹乾身、替妳換上乾淨靚睡衣、再抱妳上床包尿片、塗潤膚霜；我希望我心愛的肥媽每天都能乾乾淨淨香噴噴，人靚、心靚、夢境靚、心情靚。

「靚媽媽真係靚！套套睡衣都咁靚！」

每次聽見職員這樣說，我都感到很自豪，雖然那刻我正身穿舊 T 恤和孖煙囪，大汗淋漓蹲在地上抹廁車和地板。

　　悄悄告訴妳，自從妳化身天使後，我再不敢進睡衣店，每次途經百貨公司的睡衣部，我的心情也會很感觸！我多麼希望能再買靚睡衣給妳，把妳打扮成不同造型、漂亮可愛的公主，可惜再沒有機會了。

　　媽，天使的衣服是怎樣的？胸口有公仔圖案嗎？

　　可以的話，請妳來夢中告訴我，送一件天使情侶裝給我吧！

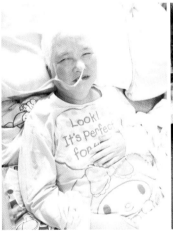

19. 停電的浪漫

停電，會造成很多不便；但也可以很浪漫，假如和自己心愛的人在一起。

在院舍和妳相依十四個寒暑，我倆曾經歷十多次大停電，發生時間次次不同，試過夏季、冬季、平日、假日、日間、夜晚，很多時院舍會預先張貼通告通知，亦曾試過幾次突然出現。

只要我預先知悉，我一定會請假來陪妳；假如因工作關係未能請假，我就會找妹妹或兼職褓母幫忙；我一定要有個貼身保鑣護在妳身旁，才稍感安心。

我怕環境漆黑讓妳感到懼怕、我怕沒有冷氣妳會熱到出煙、我怕照顧員不幫妳轉身換片（過去她們曾試過多次，說因遇上突發情況忘了照顧妳；雖然我知道那些全是謊言！），所以一定要有人護著妳，我才可安心上班。

夏天天氣炎熱，平日房間開著冷氣，長時間臥床兼未能自行轉身的妳也會熱到背部出汗；假如停電，則更大件事了！我必須出盡法寶為妳降溫：短衫短褲小風扇、頻用冷水抹手臉、在妳背脊攝毛巾、暢遊公園吹吹風、躲進商場涼冷氣。

　　遺憾的是，當略見成效，很快又被打回原形！因我必須定時帶妳回院舍換片、上奶和餵藥，最終只能用我美妙的歌聲來為妳降溫。

《肥寶寶之歌（國語版）》　（（原曲《掀起妳的蓋頭來》）

　　「我家有個胖胖娃娃，她就是我的好媽媽，我家的媽媽胖胖圓圓，好像那田裡的大冬瓜；我家的媽媽漂亮可愛，好像那天空的彎月亮。

如果你問我最愛誰？我會告訴你我最愛她！我最愛的就是我的媽媽，她是我的胖娃娃；我真的愛她她也很愛我，我們兩個一起就開心啦！

媽媽妳知道嘛？阿肥真的很愛妳呀！每一天每一夜每一分每一秒，我的腦子都是在想著妳；我希望妳能夠永遠都陪著我，因為我會一生愛護妳！」

我喜歡創作和唱歌，喜歡為妳創作和高唱每一首歌。

我不喜歡夏天，不喜歡停電，因我不忍心看見妳汗流浹背，連水也不能喝一口那麼辛苦。

我喜歡懷緬，喜歡回憶，喜歡懷緬和妳相依的每段珍貴回憶。

我喜歡把堡壘的燈關上，仰望窗外的月亮和牆上發光的星星，幻想妳從天國飛來堡壘偷偷探望我。

20. 今日疴咗未？

最近，肥媽的房間來了一位九十六歲婆婆，聽覺不好，說話聲量很大，但為人醒目，脾氣也不錯。

近日，婆婆患上感冒（更不幸傳染了給肥媽），但精神依然不錯，天天坐著輪椅在房間裡自由行，倦了就坐著打瞌睡。

今天下午，姑娘如常巡房，輪流問院友有沒有大便，尤其關心近日因身體不適正在服用額外藥物的肥媽和婆婆。

我代肥媽回答後，姑娘轉身問婆婆。

姑娘（大大聲）：「阿妹，妳今日有冇疴呀？」

婆婆（先是一愕，大聲回答）：「有呀！」

姑娘（大大聲）：「疴乜嘢呀？」

婆婆（碌大雙眼，加大聲量）：「咪疴屎囉！」

姑娘（大大聲）：「問妳有冇疴呀？」

婆婆（再加大聲量）：「我都話有咯！」

姑娘（更大聲）：「問妳有冇肚疴呀？」

婆婆（超大聲）：「冇疴屎！冇肚疴！」

姑娘離開房間，婆婆大聲自言自語：「疴屎要講妳知！疴乜屎妳又要知！個姑娘都傻痴痴！咁鍾意問人有冇疴屎！」

身體不適的肥媽，乖乖躺在床上，和我相視而笑了。

21. 人算不如天算

肥媽鄰房有個白髮婆婆好懊惱，見她經常在房間進進出出，好像「不知怎算好」。

婆婆個子矮小，一頭雪白的銀髮，說話很有中氣，估計八十五歲以上。

我到廚房替肥媽洗完奶壺和針筒後回房間，她突然在門口叫停我：「姐姐，有野想搵妳幫幫手！」

原來，她的床欄拉高了，上不了床！

我替她按著床兩邊的按鈕，雙手托起床欄後再輕輕放下，完成任務。婆婆很開心，捉著我的手，不停向我致謝：「姐姐，多謝妳呀！哎呀……乜妳隻手咁凍呀！做乜唔著衫？」

我笑著回應：「唔駛客氣！係呢！婆婆，做乜妳個床欄會拉高咗嘅？」

「吓？我好聾呀！聽唔到呀！」婆婆笑到見牙唔見眼，我重複問了她十次，最後一次，她終於聽到了。

她娓娓道來：「有人坐我張床囉！搞到我瞓覺時成日周身痕！所以我每朝早起身特登拉高個床欄，等啲人坐唔到！我仲倒咗啲爽身粉落張床度，等瞓覺時冇咁痕！」

噢！真相大白！應是鄰床院友家屬坐她的床吧？婆婆為了保衛自己的床鋪出盡法寶，難怪昨晚差不多同一時間，她出去找照顧員幫忙，照顧員進房後隨即大叫：「哎呀！邊個幫妳拉高咗個床欄呀？」

拉得起卻放不低，果真是人算不如天算！

我和婆婆說：「我喺妳隔鄰房，妳有需要嘅話，隨時過嚟搵我啦！」

婆婆不停向我致謝，笑著送我回肥媽床邊，今後多了一個肥水泡傍身，婆婆終於可以發個好夢了。

第三章：
告別過程的眼淚

阿肥 圖

22. 平安夜的願望

日期：2017 年 12 月 24 日

地點：護養院舍

凌晨 3 時 45 分才睡，清晨 6 時 30 分已經醒來，只因腦海一直記掛著今天一個重要的約會。

2017 年 12 月 24 日，風和日麗的星期日，今天是耶穌的生日，我要帶剛開始接受雙標靶治療和認識耶穌不久的妳出席祂的生日會！我買了數大包朱古力給妳扮聖誕老人派禮物，雖然內心在顫抖，但我仍希望和妳一起把祝福送給參加生日會的每一位賓客。

兩個月前，妳確診乳癌，我心慌了，急忙抱妳奔往天父那裡去；結果今年平安夜，有幸出席耶穌的生日會。

佈道會結束，我唱著聖誕歌，用輪椅推妳回院舍。途中，看見一朵開得十分燦爛的玫瑰花；環顧四周，只得一朵，我停下來，用手指給妳看。

因為輪椅的高度和妳的視力所限，我想妳未必看得十分清楚，但我仍希望和妳分享這朵漂亮的玫瑰花。妳跟隨我的指示專注看著，我的腦海瞬間泛起另一個想法。

終有一天，玫瑰花會悄悄凋謝，因為世界上沒有一朵花能夠持久長開，即使是冰鮮花，也有其褪色的一日。

我真的不敢想像，明年的平安夜將會如何？會如常平安嗎？我只希望能夠像今年和往年一樣，和妳一起渡過。

我不要聖誕大餐和禮物、我不要任何約會和慶祝，事實上，自從十二年前妳和我的角色對調開始，我已和這些東西統統絕緣！

我喜歡和妳一起唱聖誕歌、講故事、用輪椅推妳到公園看聖誕花、到商場看聖誕樹，只要有妳在我身邊，即使只是妳眼望我眼，我也會感到很幸福、很滿足！況且，今年開始，我倆還多了一個重要的節目，參加耶穌的生日會！

腦海旋即響起上星期帶妳到診所接受雙標靶治療時，腫瘤科醫生的說話：「妳媽媽應該捱唔過一年！」

假如生命可以交換，我很想立即和妳交換。

假如時間可以倒流，我很想回到妳照顧我的時候。

我懇求耶穌醫治妳，讓妳可以回復健康，雖然今年我才首次帶妳出席祂的生日會。

我希望能夠永遠和妳在一起，但有誰願意幫我實現這個卑微的願望？

勇敢踏出第一步，踏上天國的旅途。

2017 年平安夜，我很感恩能帶妳一起出席耶穌的生日會，至少，我能讓祂認識到妳這位新同學，以致派禮物時不會少了妳的份兒。

終有一天，玫瑰花會悄悄凋謝；終有一天，我倆只能在天國再見。

Happy Silent Night
Love You Forever
24th Dec 2017

23. 我的榮譽 · 妳的痛苦

日期：2019 年 3 月 29 日

地點：堡壘（我申請了兩星期無薪假，接了妳回堡壘暫住）

我拿著獎牌不斷沉思：「我真的配得起這份榮譽嗎？」

2019 年 3 月 29 日（五），我從典禮會場匆匆趕回妳身旁，和妳分享剛才上台領獎的經過，妳專注聽著，眼淚不自覺流下來了。

是開心？還是感動？是哀傷？還是感觸？我不大清楚。因為我是妳最愛的二女兒，而我此刻的心情同樣複雜和難過。

中七畢業禮，我上台獲頒「學業成績優異獎」、「最佳品行獎」和「傑出服務獎」，坐在台下的妳興奮拍掌。

大學畢業禮，我上台獲頒「聯合書院學業成績優異獎」和「一級榮譽畢業證書」，妳的笑容燦爛到像在拍牙膏廣告。

前機構週年聚餐，我獲頒「優秀服務計劃大獎」和「傑出員工大獎」，我匆匆趕赴現場拿取獎項趕回妳身旁，妳拿著我送給妳的獎座，雙眼變成了兩粒腰果。

2019 年 3 月 29 日（五），我帶妳回堡壘暫住，託妹妹來幫我看顧妳數小時，我要暫別妳一會，前往接受一項榮譽。

會場內，只有我一個單獨出席，沒有人伴我一起領獎；我還得悉了一個小秘密，原來我倆的年紀是在眾得獎者中最小、但照顧年期最長的（因司儀逐一讀出來）。

看見其他得獎者拿著獎牌和使他們得獎的寶貝開心合照，那刻我只想立即跑回妳身邊抱著妳大哭！

2019 年 3 月 29 日（五），伴妳抗戰第四千九百五十一天，我拿著「全港優秀護老者」的獎牌返回堡壘，向妳訴說剛才獲獎的一點一滴。

謝謝妳受盡痛苦折磨仍竭力陪伴我，讓我能享受多點母愛的幸福！

謝謝天父的憐憫，讓我有勇氣緊抱心愛的妳逐步踏上天國的階梯！

這項榮譽背負的意義雖然沉重，但同時見證了我倆之間永恆的愛！

我會好好保存這面特別的獎牌，它記載著肥媽和阿肥今世的緣分！

24. 稀釋苦澀的空氣

日期：2019 年 9 月 29 日

地點：護養院舍

以前，我很少留意香薰這玩意，因我覺得香薰既破費又不切實際！但自從妳住進院舍後，我開始喜歡香薰，因為院舍氣味並不好聞，而我希望妳睡的地方時刻保持香噴噴。

吃，已吃不到；能嗅到一些芳香的氣味，也算是一種心靈補償吧？

我經常購買不同香味的潤唇膏、潤膚露和沐浴露：可樂味、蜜瓜味、檸檬味、香蕉味、哈密瓜味、蜜糖味、牛奶味、雲呢拿味、士多啤梨味、桂花味、玫瑰味、茉莉味、薰衣草味；我把妳由頭到腳塗到香噴噴，望這些香氣能稀釋一點苦澀的感覺。

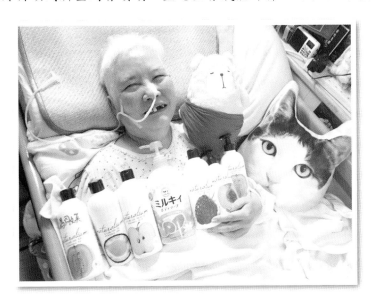

眼見妳病情惡化，味覺、視覺和觸覺相繼失去，我費煞思量，希望善用妳剩餘的嗅覺和聽覺，繼續把力量傳送給妳。

雖然妳仍有聽覺，但我已不再像以前多嘴鳥一樣站在妳肩膀吱吱喳喳；因為一來妳已不能回應我的說話，二來癌細胞正吞噬著妳的軀體，每次望見妳胸口那個像火山爆發噴泉般血流成河的傷口，我會希望妳能睡多一會，在夢中待久一點；因為夢境就像一個玻璃防護罩，能讓妳暫時擺脫身心的痛楚。

我喜歡香甜的味道，因它讓人感覺快樂和幸福。我希望妳不論熟睡或甦醒，都能享受片刻甜美的放鬆，不是整天只能躺在冰冷的床上，呼吸著排泄物混和漂白水那絕望的空氣。

結果，每發現一瓶氣味芬芳的香薰，我又買多一瓶；上一瓶未完全揮發掉，我已開一瓶新的；我希望把握有限的時間，讓妳嚐多幾款甜美的香氣。

2019 年 9 月 29 日，私家腫瘤科護士剛來院舍替妳洗完傷口，我替妳護理後，讓妳小睡一會，獨自到樓下商場逛了一圈，又買多了一瓶香薰回來。這已是今個月內第五瓶，香甜的糖果香氣，我一聞已立即愛上。

Young Forever「永遠年輕」這名字改得真好，充滿夢幻和希望；如果妳能 Young Forever 就好，我寧願今世不曾和妳相遇，不做妳的女兒。

我把竹枝放進玻璃瓶裡，香氣瞬間緩緩飄出，我多麼盼望它能盡快飄進妳的鼻孔，繼而進入妳的夢鄉，令在森林裡迷路的妳，盡快找到那間七彩繽紛的糖果屋。

　　望著痛苦呻吟、胸前包著染血紗布的妳，我的淚一滴一滴落下；假如一天我們再不能相見，我希望妳至少能在夢中想起我，即使只是短短一秒也好，我都希望妳能記得有過我這個二女兒，我倆曾經彼此相愛四十二年。

　　我們都不能永遠年輕，只能緊抱和對方的共同回憶；我會永遠記得妳的臉容、聲音和氣味，同樣希望妳能永遠記得我。就讓我們緊握對方的手，走進森林裡那間七彩繽紛的糖果屋，永遠幸福快樂地生活下去。

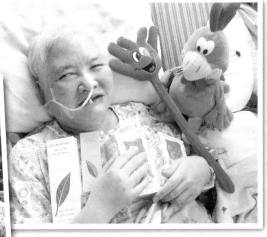

25. 臨死前，我能為妳做些甚麼？

日期：2019 年 12 月 17 日

地點：善寧會

我未死過，亦不害怕死亡，但我很害怕面對親人的死亡。

由中學二年級開始做義工探望獨居長者，至中大社工畢業後投身安老服務社工，我曾陪伴過不少長者走過他們最後的人生。

常說好死不容易，這個我絕對認同！試問有多少人能健康活到九十九，突然一睡不醒悄悄走？

倘若不能完美好死，病死是最有可能發生的結局，但病死也分不同等級和程度，是快死還是慢死？昏死還是痛死？身軀完整無缺的死還是遍體鱗傷的死？有尊嚴地在愛的包圍下死還是被剝奪尊嚴被糟蹋至死？我腦海中的思想和親身的經歷令我找到千百樣可能。

今天，我到「善寧會」上了十分寶貴實用的一課，感謝院長梁醫生的講解，讓我對臨終紓緩治療了解更多。我是唯一一位非醫護專業參加者，但我個人經歷絕不比在座任何一位醫護同事少。

「死亡是一個過程，我們不只需要盡力協助病人如何較少痛苦死去，更需盡量關顧和支援病人家屬、以及照顧臨終病人的同事。」梁院長語重心長的說。

末期癌症病人常見的病徵？這個我不用看投影片也很清楚！疲倦、痛楚、無力、氣促、沒胃口、便秘、昏亂、腸塞、呼吸困

難（氣管受壓）、傷口潰爛、大量出血、背部劇痛（脊椎受壓）等。梁醫生每説一點，我即時想起過往曾幫助的個案，以及最令我痛心疾首的妳！

原來，止痛藥分很多種，嗎啡其實很好用，不是可怕的死亡催命劑；最普通及常用的 Panadol 和 Tramadol 有服藥和效用上限，嗎啡反而沒有。

原來末期癌症病人沒胃口十分常見，不要每逢探病都逼病人接受你的送禮三寶：生果、雞精、葡萄適（這三樣是我作的）。

原來臨死前的病人通常都會亂，且有機會痰上頸及發出一些特別的聲音（難怪我發現妳有痰聲，且痛苦呻吟情況多了）。

原來有很多醫學名詞我都不懂，回去要努力查字典。

原來還有很多原來，原來我想知道更多，因為我想幫助更多的人，尤其是我一生最愛的妳。

我希望我變得更強悍和能幹，小心翼翼抱著容易受傷的妳，一起踏上天國的旅途。即使內心多麼懼怕，也要強裝勇敢堅強，盡量減輕妳背負十字架上山時被鞭打至皮開肉綻的痛楚。

通往天國的路並不易行，我一定要緊抱心愛的妳，把妳成功護送到天父身邊去。

26. 下一站，天國了嗎？

日期：2019 年 12 月 20 日

地點：善寧之家

最後一站了嗎？我不知道，亦不敢想。

但說不想是騙人的！事實上，我每分每秒都在想！

每個決定都來得不易，每個關口都十分險要，因我是多麼愛妳、多麼不捨得妳！

距離 2020 年只剩十二天，我在天父指引下抱妳來到這個價錢和環境都接近仙境的地方，感覺好像有條秘道可直通往天國。

看著妳身心受著火燙錐心的煎熬，我的腦袋比平常轉得更屬害，我不知道我為妳作的決定有沒有錯，只能說今次真的是完完全全豁出去了！

我逼妳坐起來和我一起頭貼頭合照，我倆已很久沒這樣合照了。我逼妳和我一起戴聖誕帽合照，因明年聖誕妳應該不能再陪我了。

感恩我可以深夜睡在妳身旁，因這裡比護養院舍更重視我的存在。

內心充斥著僥倖、感謝和感恩，但同時隱藏著無盡的哀傷和害怕。

　　不論這裡是否我們彼此相依的最後一站，媽，求求妳！永遠不要忘記我，可以嗎？

27. 準備啟程回天家

日期：2019 年 12 月 27 日

地點：善寧之家

其實不用護士多說，我也意會到，昨晚鄰房的病人返回天家了。

我回想起，十四年前的中秋節晚上。

2005 年 9 月 8 日，妳隨長者中心外出活動時突然暈倒，聯合醫院醫生說妳急性中風，叫我有心理準備。他們表示放棄拯救妳，我只能坐在床邊握著妳的手，邊痛哭邊為妳打氣。

中秋節那晚，病房只得我和窗邊那張病床的家屬，我望著護士圍上該床的布簾，一眾家屬入內哭別。我冷得全身發抖，但不敢哭出聲來，眼淚把妳的手和床單沾濕了。

2018 年 9 月，我在院舍幫妳沖涼後，發現妳半身突然完全失去活動能力，疑似再度中風！我陪妳乘坐救護車到明愛醫院急症室，他們卻把妳丟在一旁八小時！還堅稱妳沒有大礙，拒絕再替妳作進一步檢查。

我唯有致電腦神經外科藍醫生求助，託他安排妳到仁安醫

院照磁力共振。兩天後，我電召聖約翰救傷車陪妳往仁安醫院，影像一出，確認妳的腦幹再度嚴重中風！

我本想把妳留在仁安醫院，待藍醫生晚上來醫院接手妳的個案，可惜入院登記處職員表示妳的情況十分危急，如要住院，必須入住深切治療部；我付不起每晚逾十萬元的醫療費用，唯有再度把妳抬上聖約翰救傷車，陪妳返回明愛醫院。

妳回到明愛醫院後開始昏迷，我怎樣呼喚再不能把妳喚醒，就在妳昏迷第十天晚上，斜對面的病床突然圍上布簾，護士急忙推儀器入內，醫生隨後進入。廿分鐘後，家人陸續趕到，醫生問過他們後，正式宣佈病人死亡。

妳在老人科病房留醫兩星期後被轉到復康病房，依然像吃了毒蘋果的白雪公主一樣沒有醒來。我每晚放工後立即趕來醫院等病房開門，務求好好把握那短短三小時的探病和護理時間。我感到很悲傷、難過、不安、絕望和害怕，我不知道妳會否突然離開我？

妳在復康病房留醫了二十六天，我先後見證過兩次對面的病床圍上布簾。第一次來了四位親屬，第二次來了十位家屬，兩次都只有我獨自守在妳的身旁。我不怕鬼神前來向我施襲，只望利用我身上那股經艱苦歲月鍛鍊出來的「煞氣」，讓死神在病房揀選目標對象時，不敢輕易靠近妳。

2019 年 12 月 26 日，晚上 9 時，善寧之家。

我在床邊替妳按摩，護士進來通知我，未來十分鐘不宜出房。我知道她是為我好，除了不想我阻礙他們工作，更不想嚇怕曾親眼目睹多次搶救失敗的我。

昨晚聖誕夜，陳牧師和康執事來了探妳，陳牧師告訴我，他將於明天來這裡為一位長者主持安息禮；同步分享了很多過往送別弟兄姊妹回天家的經歷。躺在床上的妳張著眼，我握著妳的手暨耳聽，我看

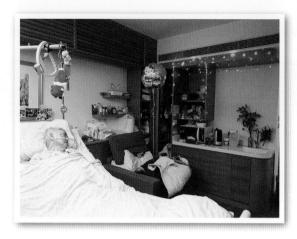

見妳雙眼泛著淚光，我又何嘗不是在淚海中載浮載沉？

　　伴妳一起抗戰十四年三個多月，妳一直在前線奮勇抗戰，我則在旁竭力支援，我倆可說是既完美又淒美的最佳拍檔，不論腦神經外科、老人科、腫瘤科、以至現在每天來房巡視妳的紓緩科醫生，無一不對妳那堅毅的精神和卓越的作戰表現感到驚訝和讚歎。

　　每次聽見他們對妳的誇讚，我的心情也會變得很複雜，一方面會為自己出色的後勤支援感到自豪，另方面會為自己的自私感到歉疚！倘若不是我一直橫蠻堅持，不肯讓妳退下來，妳早可退疫休息了吧？

　　或許，正如陳牧師所說，回天家是一件值得高興的事，因不用再在世間受苦；假如妳回天家能獲得解脫，不用再受病痛折磨，從此和天父一起，在天家享受永恆的安寧與快樂，我是否應該放手，讓妳重獲自由？

　　媽，我很想妳知道，我之所以堅持，是因為我對妳的重視，因妳對於我來說，是何等的獨一無二和重要！

如今，我願意慢慢放開妳的手，同樣是對妳的重視，因我再不忍看著遍體鱗傷的妳，為了我快要灰飛煙滅！

我倆已盡了最大的努力珍惜天父賜予的生命，現在妳的洋燭快將熄滅，我也是時候學習和妳告別。

情越濃越會化不開，看不清那未來。

情越長越快要放開，怕一擁抱難分開。

在那裡妳會更開心，我怎可以自私？

為了妳有更好開始，再不捨也願意。

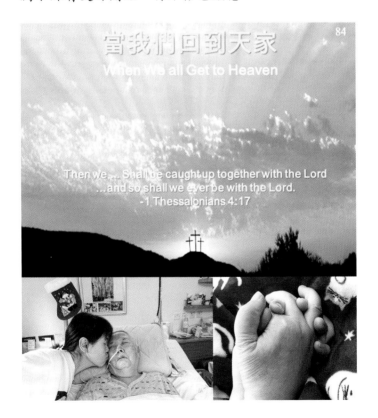

28. 活著就是愛

時間：2020 年 1 月 21 日

地點：善寧之家

2020 年 1 月 21 日（二）晚上，妳被天使護送到天家前九天，我為妳上完第三餐奶，坐在半睡半醒的妳身旁，拿起朋友送給我的這本書，為妳朗讀了一片。

我用了四十五分鐘讀完整本書，妳睡得昏昏沉沉，氧氣機發出一呼一吸的聲音，我凝望著眼前遍體鱗傷的妳，思緒在淚海中起伏翻騰。

本書的作者：德蘭修女。

雖說已帶妳信了基督教，但我的信心並不穩固，尤其由小到大看著善良的妳受盡痛苦折磨，使我不禁懷疑，這世界是否真的存有公平和公義？天父是否真的愛祂創造的每一位世人？

我反省自己過往的性格和行為表現，好像領會到德蘭修女的說話。

「我們應該盡力去愛、關心、接納和幫助有需要的人；因為每個人也渴求被愛、關心、接納和認同；我們應盡力為受苦難的人祝福和拯救，因為能夠照顧他們是我們的福份；藉著照顧和幫助受苦難的人，我們就能展現大愛的精神。」

由小到大，妳也是我最佳的榜樣，妳常以身作則教我善良、孝順、愛心、正義和熱心助人的道理，不只助人，還助動物。因此，妳經常到公園和天橋底餵流浪貓，看見牠們受傷會抱牠

們看醫生；妳更特地跑到圖書館了解龜蛋孵化過程，目的是為了拯救早前在公園泥土誕下十多隻龜蛋的龜媽媽和牠的小烏龜。

每天上班，我也會遇見不同的人，我會對他們投放不同程度的愛與關懷，細聽他們的心聲和故事，盡力協助他們紓憂解困。我真的很喜歡社工這份工作，因我可以憑藉自己的力量幫助身陷困境的人重見曙光，鼓勵深感絕望的人重燃希望。

每晚放工來到妳身旁，又是另一個身份角色的展開，另一番體驗和感覺。雖然如今渾身淌血的妳，已再無力回望和回應我的動作和說話，但我仍無時無刻透過說話和行動告訴妳：「媽，唔駛怕！阿肥會永遠愛妳、照顧妳，妳永遠都係我最愛嘅好媽媽！」

2020 年 1 月 21 日（二），晚上 9 時 15 分，我在這個接近天國的地方，伴著沉睡中的妳，懷著感觸的心情，寫下這篇內心的說話。

第四章：
永遠別離的傷痛

29. 自己知道就可以

　　有些事情，無需向別人交代，只要自己知道就可以。

　　失去摯親之後，耳邊聲音四起：

　　「節哀順變啦！」

　　「妳唔好太傷心喇！盞佢走得唔安樂！」

　　「妳都係時候放手啦！佢都辛苦咗咁耐喇！」

　　「妳都唔係好慘啫！好多人仲慘過妳啦！」

　　「妳要學識放低，唔好再掛住佢喇！」

　　每次聽到這些說話，我都十分反感；表面雖然不會做些甚麼，但內心卻很想把對方一腳伸落大海！

　　失去摯親的人，是應該被尊重的！對失去摯親的人說教，是十分危險的！因你不是對方，永遠不會明白和體會對方的經歷和感覺！

　　「請不要再在我的傷口處灑鹽，我知你比我幸福多了！」

　　我知道，不少人都反對我把妳的骨灰抱回堡壘，我曾經為此感到委屈和難過；但冷靜過後，想深一層，我根本無需向別人交代。

　　妳是我的肥媽，堡壘是我買來送給妳的，我把妳的骨灰抱回堡壘，關別人甚麼事？我開始領悟，有些事情只要自己知道就可以，根本無需向別人交代。

　　為此，我可以公然向全世界大聲說：

　　「媽，我好掛住妳！我好想快啲返嚟妳身邊！」

「我知道我必須接受失去妳嘅事實，我已經好努力去面對！」

「呢個世界上，除咗妳之外，根本冇人能夠真正明白我！」

「我最愛嘅人永遠只有妳，永遠冇人能夠取代妳！」

「宜家我嘅目標只得一個，就係希望做多啲好事，儲多啲印花，天父俾我早啲升天堂！」

很多事情我都知道，只是旁人並不知道；遺憾的是，他們不知道，卻硬說知道，更反轉頭罵我不知道。

假如你和我一樣失去摯親，我很想坦誠告訴你：「不用在意別人的眼光和說話，我們和摯愛之間的秘密，我們彼此知道就可以了。」

30. 分手的苦衷

2020年5月18日（一），妳離開我第一百零九天，這些日子，我不停在想，我應該怎樣渡過沒有妳的餘生？想起兩年前的一個晚上，我在院舍的床邊伴著妳，和她展開的真情對話。

2018年7月14日

我：「媽，我哋人人都會經歷生、老、病⋯⋯？」

妳：「死！」

我：「媽，妳驚唔驚死？」

妳（搖頭）：「唔⋯⋯驚！」

我：「妳想唔想死？」

妳：「唔⋯⋯想！」

我：「點解？」

妳（用手輕撫我的臉）：「因為妳⋯⋯乖，我唔捨⋯⋯得妳！」

我：「媽，妳驚唔驚我死？」

妳（皺眉想哭）：「驚！」

我：「點解？」

妳（快哭出來）：「唔⋯⋯捨⋯⋯得！」

我：「點解妳自己唔驚死，但驚我死？」

妳：「我老喇⋯⋯冇辦法，老咗⋯⋯就要⋯⋯死！」

這次輪到我想哭了！

我：「媽，我好驚妳死！我唔想妳死！如果妳死，帶埋我得唔得？」

妳淚眼汪汪看著我，不懂回答了。

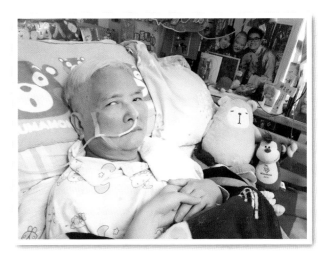

很多人都叫我放手，但我真的不想放手！

每晚我只睡三、四小時，翌日依然精神奕奕上班，努力做好阿肥姑娘的本份，帶給長者快樂和溫暖；我這麼乖巧，天父可否憐憫我，不要這麼快帶走心愛的妳？我已習慣和妳彼此相依，假如妳不在我身旁，我不知怎樣走下去？

我反覆問天父，如果要我放手，可否讓我跟妳一起走？可以的話，我願意放手。我的意思是，我和妳手牽手，一起和大家告別；然後一起放手轉身走。可惜，天父並沒有應許我的哀求，最終都逼我獨自放手，目送妳一個人走。

今天，第一百零九天。

我真的很想隨妳一起離開，但天父豈會容許我這樣任性？更重要的是，假如我這樣做的話，相信妳一定很難過。

經歷了反反覆覆的思想掙扎，我只能無時無刻提醒自己，如果我真的愛妳，就應該代入妳的身份去想：作為媽媽，我希望我的女兒在失去了我之後怎樣渡過？

最終，我想出了一個不知是否正確的答案。

因為妳很愛我，我也很愛妳，我倆都不忍心看見對方傷心和失望；妳冒著生命危險誕下我、含辛茹苦養育我，我一定要做個好女兒，才不會枉費妳為我作出的犧牲和辜負妳對我的期望。

我坦承，由小到大，我的生存意義和生活目標都是圍繞著妳而轉，而我深信，這個目標，今後亦不會改變。假如我是這樣想的話，我更加應該努力做好，不可再讓妳為我操心，須知妳已為我操心了足足四十二年！

所以，肥媽，我答應妳，我會乖，我會努力！

腦海再度響起妳溫柔熟悉的聲音……

「阿媽老喇……冇辦法，老咗……就要……死！」

「因為妳……乖，我唔捨……得妳！」

31. 天國通行證

　　媽，妳在天國生活好嗎？有看見天父和耶穌嗎？背部有長出翅膀嗎？天國風光如畫嗎？到處樂韻悠揚嗎？有遇見相熟的人嗎？大咪和妳在一起嗎？妳有倚在窗旁偷看我嗎？

　　自從妳消失在我身邊之後，我的腦海浮現成千上萬個問號，可惜一直找不到答案。當中最令我感擔憂的是，妳真的平安抵達天國了嗎？我多麼希望妳真的在天國遙望著我，這可是唯一撐著我活下去的盼望了。

　　為了替妳爭取一張「天國通行證」，我毅然在妳生命倒數前最後兩年，趕緊抱著妳叩天父的門，求祂讓我介紹妳給祂認識。

　　說來真的很矛盾，假如我相信天父創造這世界，祂理應不可能不認識妳，只因妳和我同是由祂創造；但為何我會這麼心急如焚介紹妳給祂認識呢？

　　因為我被妳一生的際遇嚇怕了！這麼好的一個人，怎麼會遭逢這麼多的不幸和苦難？是天父遺忘了妳？還是因為外公外婆拜佛拜觀音，以致妳在耳濡目染下，被迫承受著「前世犯錯、今世受罰」的委屈？

　　說來真的很奇妙，篤信觀音的妳，每逢初一、十五和觀音誕也會吃素，卻把我送進由天主教拯望會創辦的天佑幼稚園和天佑小學。妳每月也會買鮮花給我獻給聖母，讓我參加道理班，使我有機會認識天父和耶穌。因為由小到大都享有宗教自由，

所以我曾隨外公到佛堂、隨同學返教會、到寺廟會拜神、到教堂會祈禱、我會背十誡、聖經科每次都拿 A。

真正的轉捩點發生在 2017 年 10 月，妳突然確診乳癌，醫生說妳活不過一年，我的心慌了！

那刻我想，妳在世上已這麼痛苦，我不要妳死後仍要受苦！妳這麼乖巧善良，理應蒙受天父的寵愛，不應被魔鬼惡意傷害！

一篇《耶穌的房間》故事，一夜間鞏固我的決心，我把家裡的觀音和地主統統棄掉，把手上的鑰匙插進了「基督教」之門，用輪椅推妳往教會去了。

以前每年春秋二祭，妳都會帶我和妹妹一起往大鵬灣拜祭外公外婆，為他倆燒金銀衣紙，上香予他們的鄰居。妳在香港一間寺廟為外公外婆買下供奉牌位，同時為自己和老豆預購了骨灰龕位，這一切我都尊重和銘記在心。但自從帶妳投靠天父後，我誠意向外公外婆道歉，我要安排他倆的女兒和他倆分道揚鑣了。

自從帶妳返了教會，苦難仍是接踵而來，不同在於，我依稀覺得，似乎有人開始暗中出手相助。

先是妳抗癌期間，雙標靶治療費用的高昂，吸引了一群善心朋友的關注，感謝他們對妳的憐愛，支持我畫的明信片。

妳第二次嚴重中風後，我再帶不到妳到腫瘤科醫生處覆診和接受雙標靶治療；另一位腫瘤科天使醫生又悄悄飛來妳身邊，每月上門探望妳，密切監察著妳的病情。

妳在醫院和死神搏鬥之時（2018 年 9 月妳再度嚴重中風），教會陳牧師趕緊來病房為妳施洗，代天父頒發「天國通行證」給妳。

我拿到堡壘鎖匙後，妳從天國門外逛了一圈，奇跡地返回我的身邊，讓我有機會抱妳回堡壘，兌現「帶妳回家」的承諾。

以及，最後那段日子，我抱著渾身淌血的妳入住「善寧之家」，在那裡伴妳共渡最後四十一晚，讓妳可以在愛的包圍下，保留最後的尊嚴，靜靜由天使接往天家去（事緣那時護養院舍再不懂照顧妳，明愛醫院紓緩科又把妳拒諸門外，正當我感到絕望無助之際，因到善寧會上堂，有機會實地參觀「善寧之家」。我告知護士蕭姑娘妳的病況，她旋即介入；感謝她和社工同事的幫忙，讓我倆順利於 2019 年 12 月 20 日正式入住）。

情人節送別妳的安息禮，同樣是在「善寧之家」舉行，那裡沒有殯儀館的陰森和難聞的氣味，只有思念、恬靜和愛的歌聲。送別妳的過程雖然注滿哀傷的眼淚，但同時隱藏著感恩的謝意。

我坦承，妳離開我的日子越久，我的信心越動搖，和天父的距離亦越來越遠。我看了很多有關死

亡的書籍，越看越多疑問，
越看越感不安！妳究竟去了
那裡？是否真的在天國看著
我？我竭力告訴自己一定要
信，朝著妳的方向邁進，否
則我很難繼續走下去。

　　每個人也不知道在這世
上可以留多久，我只望在有
限的時間朝著正確的方向
走。我一定要拿到「天國通
行證」，這是我對妳的承諾，
亦是我餘生唯一的盼望。

　　媽，請妳等我，阿肥一
定會來找妳！

32. 學懂與忘記

自妳離開我以後，我學懂一些東西，又忘記一些東西。

首先，我學懂「獨處」；因為再沒有心愛的妳可以依靠，我展開了獨自流浪的生涯。最初很不習慣，天天以淚洗臉；但當眼淚流過警界線後，我逐漸適應了獨處的生活。

其次，我學懂「掩飾」；天生充滿演藝細胞的我，由小到大都很喜愛表演。自妳離開之後，我的演技更進步了，可以隨時隨地演繹不同角色，更曾贏得不少掌聲。我發現觀眾最喜歡看我演喜劇，可能因為我臉皮夠厚、腦筋轉數快和笑容可掬吧！

再者，我學懂「堅強」；這個最具挑戰性、最難鍛鍊。其實，由小到大的經歷，已把我訓練得頗堅強；但原來失去妳之後，我必須學會變得更堅強！過程中，雖曾多次想放棄，但又不想讓妳失望，於是經常用妳的英勇事跡來鞭策自己：我是肥媽的女兒，肥媽做得到，我也一定做得到！

還有，我學懂「忍耐」；我的忍耐力明顯增強，可以長時間不說話、不進食、不睡覺，腦筋卻依然保持靈活。不過，這

也是經過刻苦鍛鍊得回來的。此刻對於我來說，最痛苦莫過於等待和妳重聚，而這無了期的等待，最需要就是忍耐；所以我不停催眠和安慰自己，過程中，忍耐力慢慢增強了。

最後，我學懂「自療」；這個真的很重要，如果我不設法幫自己療傷，將無法繼續維持心跳。這個由妳倒模出來的軀體，某程度延續著妳生命的痕跡。為了讓自己有力量繼續生存，我積極尋找各種自療方法：流浪、看書、繪畫、跳舞、到狗場做義工、往花墟買花。我把鮮花作為與妳溝通的橋樑，向妳傳遞思念和愛意。

學懂以上這些，同時忘記以下那些。

首先，我忘記「快樂」；臉上的笑容可佯裝出來，內心的感覺卻依然存在；我臉上展現燦爛的笑容，不代表內心陽光普照；自從妳離開之後，「快樂」兩個字已在我的人生字典裡永遠消失。

其次，我忘記「時間」；以前我經常看鐘，因想快點和妳見面；我謹慎策劃每天的行程，腦袋經常記掛大堆事情。可是如今，時間對於我來說已不再重要，我很少看鐘，因為再沒有人等我；我沒有再買年曆記事簿，因再沒有任何重要的約定。

再者，我忘記「心跳」；以前每逢收到院舍或醫院的來電，我的心臟就會急劇狂跳；午夜傳來電話鈴聲，我的呼吸甚至立

即停止！可是如今，再沒有事情讓我突然心跳加速，很多時，我甚至摸不到自己的心跳。

還有，我忘記「熱鬧」；與其說是忘記，不如說是害怕。我很害怕多人的地方，不喜歡熱鬧的氣氛；正當大家圍在一起興高采烈，我只想躲在暗角不被發現；正當四周擠滿人群，我會加快腳步急速前行；正當有人向我走近，我會想辦法避開對方。唯有在杳無人煙的地方，我才感到輕鬆和自在。

最後，我忘記「意義」；就像指南針遺失了針，再辨別不到方向；又像鬧鐘沒裝電池，再不能走動和響鬧；以前我滿腦子主意、夢想和計劃，都隨著妳的離去消失得無影無蹤！我忘記了甚麼叫意義，只因我生存的意義只有妳！

學懂與忘記，本屬兩極方向；但當細心窺探，不難發現箇中的核心就是妳！

永遠的情人　　Love You Forever

33. 相約在天國的車站

　　我反覆思考無數遍，為何妳一生這麼苦？妳我的緣份這麼短？為甚麼天父要我們經歷這麼多艱苦考驗，卻不給我們一個幸福的結局作為獎勵？

　　悲劇中的主角永遠想不通，為何全世界這麼多人偏偏選中我？我同樣跌進這個問題的深淵，卻一直找不到答案。

　　我看了很多有關死亡的書籍，瀕死經驗、送別親人、清理遺物、解剖遺體、執葬火化、往返天堂、輪迴轉世；慢慢領悟出一個人生道理：「凡事皆有盡頭，有始就有終，沒有東西可以恆久，我們必須學習放手。」

　　再燦爛的鮮花也有枯萎凋謝的一日。

　　再美味的食物也有過期變質的一天。

　　再漂亮的容貌也有衰老起皺的時刻。

　　再熱鬧的環境也有回歸寂靜的時候。

　　沒有東西可以恆久，我們必須學習放手。

　　學習放手的過程十分辛苦，內心充斥著不願、不捨、不甘、不悅、不忿和不慣。

為甚麼上天這麼殘忍，奪去我最寶貴的東西？沒有甚麼特別原因，因時間到了！時間到了，就要放手！當我逐漸領悟到這個道理，我努力說服自己，必須勇敢面對和接受妳已離開的事實。

　　心是很痛、很不捨和不甘，但時間已到，我必須放手，和妳道別。不只道別，還有道謝、道歉、道賀和道愛。

　　道謝：謝謝妳一生無微不至愛我、保護我、照顧我。

　　道歉：懇求妳原諒過去我對妳的傷害和所犯的過錯。

　　道賀：恭喜妳終超額完成天父委派給妳的人生使命。

　　道愛：妳永遠是我一生中最心愛、最想念的好媽媽。

　　2020 年 1 月 30 日（四）傍晚 5 時 30 分，當我在前往天國的車站擁抱妳最後一次和妳道別，我只求妳永遠不要忘記我，他日記得到天國的車站等我，就像我小時候，妳來學校接我放學一樣。

　　就讓我倆約定，天國再見！

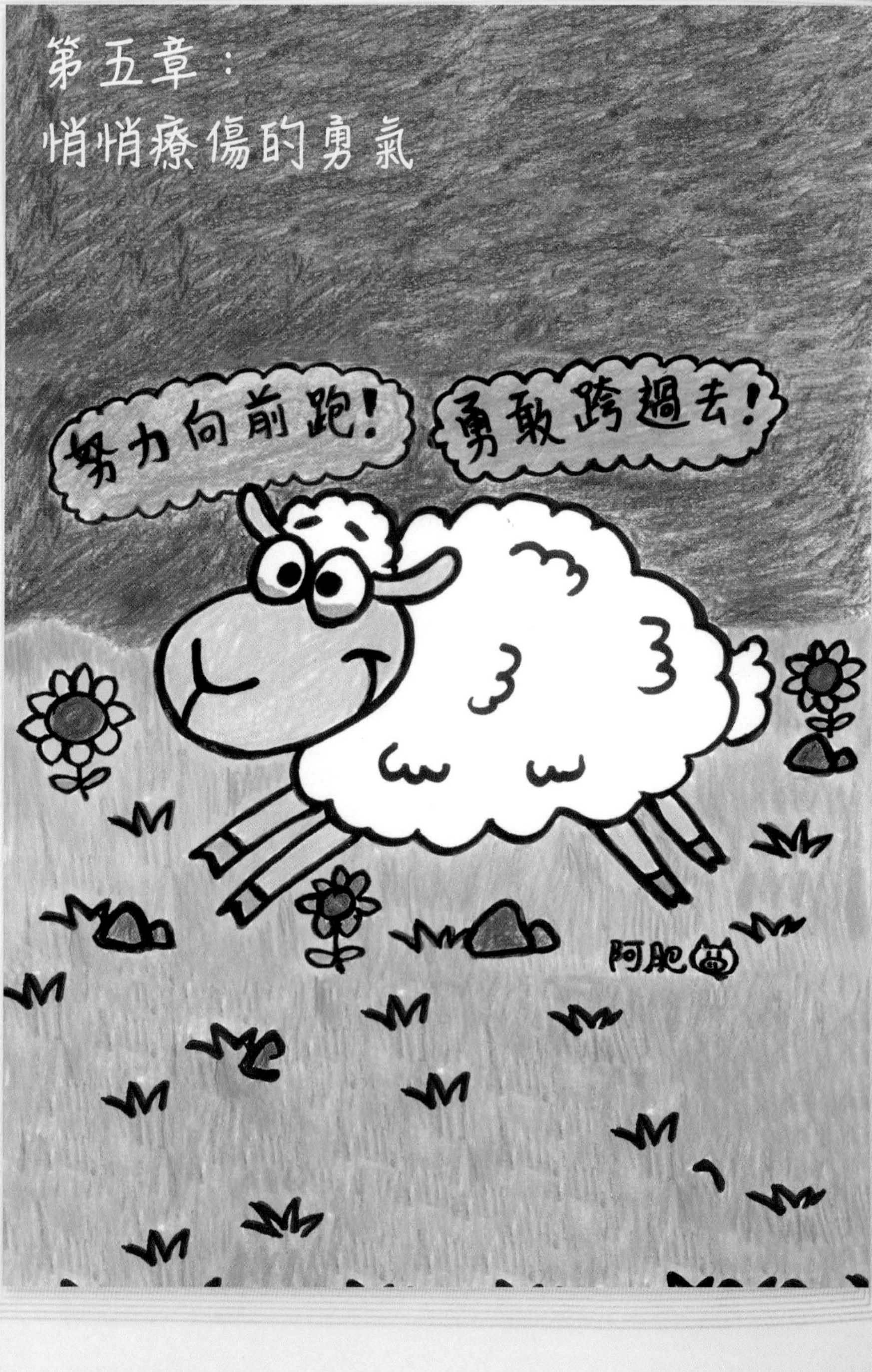
第五章：
悄悄療傷的勇氣
努力向前跑！
勇敢跨過去！
阿肥

34. 心靈治療師

媽，是妳刻意安排的嗎？安排二筒在我生命裡出現，囑咐牠帶領我走出黑暗的迷霧？

自妳離開我以後，妹妹怕我從此一跌不起，不停想將我從黑暗的洞穴裡拉出來。我承認，我是刻意把自己藏起來，只因除了妳之外，我根本不想讓任何人靠近。

妳走後的第九個月，一天，妹妹邀請我一起進流浪狗場做義工；那刻我有片刻的動搖，因我遺傳了妳的愛心，由小到大都很喜歡動物。深思熟慮了兩天，我終答應妹妹的邀請，跟她一起進狗場。

2020 年 10 月 25 日，陽光普照的星期日，我戴著口罩走進圍欄內，一群好奇的寶貝向我走近。其中一隻全身棕黑色、額上有兩粒黃色圓點的，主動走來我身旁，吻了我的臉一下！

我被牠這一吻瞬間震動心靈，立即叫妹妹幫我和牠合照，牠竟然懂得望著鏡頭咧嘴而笑！我即場捐了一千元予狗場，我和牠的情緣亦正式展開。

第二次進去，是一星期後的領養日，我幫忙做義工。事前我下定決心，一定要在四百隻寶貝中，找回額上有兩粒黃色圓點的牠。結果，皇天不負有心肥，在茫茫狗海中，我成功找到了牠；而牠也竟然認得我，看見我出現，立即歡天喜地跑來我身旁！

我幫牠改名為「二筒」，因牠額上那兩粒黃色圓點實在吸睛和出眾！二筒看來十分受落，望著我不停擺尾，展露燦爛的笑容。

　　因為二筒，我同步認識了牠同倉的三位室友，我幫牠們分別改名為「甜筒」、「心心」和「QQ」，除了每月捐款助養牠們，更經常買大堆手信進場探望和親手照顧牠們。

　　2022 年 4 月 29 日（五），是妳和妹妹的新曆生日，今天我有幸和二筒第四十八次見面，但地點不在狗場，而是我以助養人身份，帶牠到獸醫診所看醫生。

　　事緣二筒的耳朵再度嚴重發炎（大半年前我已帶牠看過兩次醫生），我幾經艱辛再次說服場主，讓我帶牠再看醫生。我懇求妹妹陪我一同前往，因我一個人實在沒信心應付。在乘的

士前往診所途中，我抱著二筒，二筒靠著我，二筒的身軀很重，我的肚腩很暖。

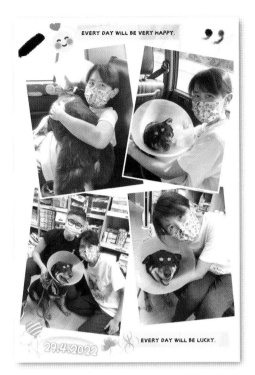

醫生替二筒檢查，牠乖乖被我抱著，雙眼凝望著我，一動也不動。我發現，我的眼裡有二筒，二筒眼裡也有我，我倆的笑容越來越相像和一致。

媽，謝謝妳安排二筒出現，幫我治療內心淌血的傷口。

二筒，謝謝妳聽見肥媽的呼召，主動上前親吻撫慰受傷淌淚的我。

唯一遺憾的是，傷者尚未完全康復，二筒已急不及待，在和我見面第五十次後，突然直奔天國找妳述職去了！（見第64篇〈心碎傳聲筒〉）

35. 失去軸心的地球

以前我常渴望放假，因可做自己喜歡的事。

小時候渴望放假，因妳會帶我出外遊玩。求學時渴望放假，因可約同學吃喝玩樂。出來工作渴望放假，因可帶妳出外旅遊。妳病倒後我更渴望放假，因我想有更多時間陪妳。可是，自從妳飛往天國之後，我開始害怕放假了！

原來，失去軸心的地球是這樣轉的，轉到不知日夜、方向、氣候、位置，總之就是不停盲目自轉，直到有天無力再轉為止。

平日上班，我可暫且放下對妳的思念，把心思投放到長者身上；因此我經常工作到很夜才走，致電慰問長者常至晚上 8 時多。他們聽見我的聲音常表現得很興奮，往往不捨得掛線。我明白的！家裡只有電視機或收音機聲浪，或鄰家傳來的喧鬧聲；晚飯早已草草吃過，正等待眼皮垂下來。

坦白說，我覺得自己和他們很相似！每朝早張開眼，就由天光等天黑，天黑再等天光；重重複複，日日如是。睡我又睡得不多，不到四小時就會醒來，每天餘下二十小時，常要思索怎樣渡過？

以前妳在我身邊時，我常埋怨時間不夠；現在我只希望時間能盡快溜走，一天縮短至十二小時更好。如果

時間可以賣給別人，我希望把它們統統賣掉，再把錢捐給有需要的人和動物。

連續四天復活節假期，換轉以前，我可興奮到不得了！因我可以整天陪著妳，幫妳浸腳、按摩、唱情歌；帶妳郊遊、拍照、行大運。

可是如今，除了獨自流浪和進狗場，我不知可往那裡去了？每當想起二筒和牠的同伴和我一樣，日日天光等天黑，天黑再等天光，我就希望能多點進去探望和照顧牠們，給牠們多點被愛的感覺和溫暖。

復活節假期第三天，第四十六次和二筒見面，二筒看見我十分興奮，邊叫邊跑來撲到我身上；我看見牠同樣激動，給了牠一個情深的吻。

心心截肢後，康復進度良好，之前我一直擔心牠往後的適應，但原來牠比我想像中更聰穎和堅強，除了學懂用三隻腳碎步跳之外，更越過圍欄跳了出來！心心似是勉勵我，叫我和牠一起努力吧！

還有體型胖嘟嘟、傻頭傻腦、嘴巴常張得大大的甜筒；臉型和體型都比我大很多，攬著牠很有安全感的旺財；以及一大群渴望愛的寶貝，牠們都很喜歡我，圍著我團團轉（可能因為我手上拿著一大盒雞柳）；我看見牠們快樂，也感到片刻的快樂。

　　十四年的生活習慣，要一下子改變很不容易；四十二年的深厚感情，要一下子放下更不可以；但當失去軸心的地球要繼續自轉，就必須努力自我控制不偏離航線。

　　我用工作填補晚間的空虛，找二筒伴我克服放假的孤寂，但日後還有數千上萬個小時，我必須繼續用心思考怎樣渡過。

　　假如你和我一樣，需要重整生活，我祝願你早日找到寄託，平安順利渡過！

36. 流浪的秘密

以前甚麼都可以依賴妳，現在我必須學習自己獨立了。
以前妳經常待在我身旁，現在我必須適應自己一個了。
以前受傷妳會替我療傷，現在我必須學習自己療傷了。
以前往那裡都有妳作伴，現在我必須習慣獨自流浪了。

就像燕子長大後會拍翼離開雙親，原來當我長大後，必須學習沒有妳在我身旁的生活。

媽，妳知道嗎？妳對我實在太好，為我想得太周到，為了讓我能逐步適應沒有妳的生活，妳甘願犧牲自己，先和我對調角色，讓我由學習照顧妳開始。

過去十四年四個月零廿二天，妳強忍痛楚，對我諄諄善誘，跨越重重難關，見證我的成長；妳為我苦撐到最後一刻，作為妳的女兒，又怎可以令妳失望？

妳知道嗎？自從妳離開我後，我經常獨自流浪。城門水塘、大澳、南豐紗廠、山頂、南丫島、赤柱、錦上路、流水響水塘、

西高山、金山郊野公園、河背水塘、西九文化區、大潭水塘、大美督、鷹巢山、嘉頓山；很多地方，過去我從未去過；如今我鼓起勇氣，獨自流浪。

因我發現，在流浪過程中，我能釋放對妳的思念和感覺；每當遇上艱難的路段，我能鍛鍊自己的專注力、毅力和勇氣。

雖然，那刻我多麼希望妳在我身旁，伴我一起遊歷探索。

我多麼希望拿著手機自拍時，妳和我一起展露笑容。

我多麼希望觀賞優美景色時，妳和我一起分享趣事。

我多麼希望妳牽著我的手，不讓我被崎嶇山路絆倒。

可是，當以上的願望統統不能實現，我只能幻想妳倚在天國的窗旁看著我，看著我為妳作出改變，看著我為妳變得勇敢，看著我為妳抹乾眼淚和汗水，看著我為妳展露堅強的笑容。

因為我知道，我快樂，妳就會快樂！

同樣地，妳快樂，我就會快樂！

37. 重遊舊地方

和摯愛分手之後，有些地方，你渴望舊地重遊；有些地方，你從此不會走近。

自妳離開我之後，有三個地方，我從此不會走近。

1）妳我相依逾十四年的護養院舍

2）妳往天國前的最後住處「善寧之家」

3）救護車送妳前往的明愛醫院

第一個地方，是 2005 年 10 月 17 日（妳中風後第三十九天），我倆的第二個家；我倆在那裡相依了十四年三個月零十二天、渡過逾五千個夜晚。

第二個地方，是我送妳往天國前的最後車站，那裡景色寧靜優美，可惜每個畫面都充滿血淚和悲傷。

第三個地方，是滿載委屈和無奈的地方，妳在那裡曾受過無數次的欺凌與傷害，流過無盡的鮮血和眼淚。

要重遊舊地方，實在需要無比的勇氣，因為景色依然在，人物卻不再，那種淒酸的感覺，不是每個人的心臟都能負荷。自從妳離開我後，我掙扎良久才有勇氣再度踏足的地方，是我替妳辦理升天堂手續的中華基督教會「英華堂」。

因外公拜佛、外婆拜觀音，妳自小受他倆誘導，信奉觀音。2017 年 10 月，妳確診乳癌，醫生告訴我妳將和我永別，我心慌了，腦海不停想著：「妳今世已經夠苦，我不想妳死後仍要受

苦！妳心地這麼好，我希望妳死後可以升天堂，不要那些輪迴轉世！」我把家裡的觀音和地主一夜之間棄掉，抱妳轉投天父的懷抱；我用輪椅推著妳到英華堂參加聚會，介紹妳給天父認識。

敞大的禮堂，莊嚴的氣氛，親切的關懷，誠心的禱告，撫慰著我倆淌淚的心靈；那裡存放著我帶妳向天父求救的回憶，要重遊舊地，實在需要無比的勇氣。

隨著和妳分手的日子越長，眼淚開始可以自行控制，我終鼓起勇氣，懷著思念的心情，重遊一些昔日和妳把臂同遊的地方；我希望在這些地方尋回封存已久的記憶，為自己添點力量和勇氣。

2022 年 4 月 15 日（五），復活節假期第一天，街道和商場擠滿人群，我獨自一個舊地重遊。我遊到小時候，妳常帶我和妹妹來野餐的地方「三棟屋公園」；當年我們曾把家裡養大的四隻烏龜，用塗改液在其背寫上「1、2、3、4」後，逐隻把牠們放進池塘裡。

卅年後的今天重臨舊地，我發現，池塘的面積變小了，四周圍上了竹欄，和以前置身大自然的感覺再不一樣。唯一不變的是，石頭上依舊有不少烏龜在曬太陽，不過牠們的龜背沒有數字，顏色亦較深沉，不是我們家的烏龜。

其中一對一大一小的，蹲在同一塊石上，彼此依偎著；直覺告訴我，牠倆應該是媽媽和女兒。有媽媽在身邊真好！如果妳在我身邊多好！

耶穌被釘死十字架，三天之後復活！

妳閉上雙眼之後，從此再沒有醒來！

2022年，失去妳的第三個復活節，我獨自重遊荃灣三棟屋公園，懷緬昔日我們一起野餐和把烏龜放回大自然的幸福時光。

38. 我的守護天使

媽，阿慧帶了我去看草泥馬。

為了這個多愁善感的二家姐，這個妹妹可真是要絞盡腦汁；只因妳曾囑咐過她，要好好看顧我吧？

「阿慧……如果阿媽……唔喺度，妳要……好好睇住……阿肥！」

媽，對不起！由小到大、由肥到瘦，我常要妳為我操心。

小時候，大便下血，妳憂心忡忡抱我四處求醫。

中學時，溫書溫到通宵達旦，滿臉眼淚鼻涕白花油，妳邊安慰我，邊陪我一起捱天光。

大學畢業後，愛上跳舞，絕食減肥，妳看著我於短時間內暴瘦，情緒大起大落，邊溫柔勸解我，邊偷偷抹眼淚。

出來社會工作，被上司和同事欺負，回來又向妳哭訴。

喜歡跳舞教練，弄曲奇餅給對方，又找妳做白老鼠（妳切除了膽囊，很難消化脂肪，吃牛油經常肚痾）。

妳有我這個女兒，真不知是幸運還是不幸？

記得妹妹在妳肚裡時，我常挨著妳的肚，心情既興奮又期待。那時妳的肚像隻巨型復活蛋，我常跟妳說，希望小雞快些出世就好，可以和我一起玩！到小雞真的出世，小氣的雞姊姊卻因突然失寵（不能再和妳同睡）而對小雞妹妹又愛又恨。

不過，我還是衷心感激妳送這個妹妹給我，雖然我倆樣貌、性格和行為各不相同，但彼此心裡都很愛對方；更重要的是，我倆都遺傳了妳善良的品性，同樣孝順和熱心助人。沒有她和我一起並肩作戰，我真的不敢想像，過去逾十四年充滿血淚汗的艱苦歲月，我們可怎樣捱過？

我坦承，自從妳飛往天國之後，我和妹妹相聚的時間少了很多；或許失去了共同保護的目標，再沒有共同商議的話題，我倆各自開展了新生活。妹妹渴望創一番事業，和伴侶建立幸福的家庭；而我則只想做更多好事，能夠早日儲夠印花升天堂。

妹妹告訴我，過去妳曾多次囑咐她要好好看顧我，而我也實在於心不忍害她失職，故曾跟她到過不同地方，有過不同生活體驗。

她帶我進狗場認識了二筒四寶、帶我到信芯園觀賞向日葵和劍蘭、帶我上道風山仰望巨型十字架、帶我進菠蘿園餵草泥馬。當草泥馬追著我手上那杯紅蘿蔔時，我恍如回到小時候，妳帶我到荔園動物園餵山羊。

媽，謝謝妳陪我走完人生上半段，下半段交棒予妹妹陪伴我；我倆會好好愛惜和守護對方，彼此互相扶持，努力生活下去！

39. 情深說話悄悄講

　　每逢來到生日這些日子，心情就會變得十分複雜。

　　當一般人認為生日理應慶祝的時候，我會想起妳的說話。

　　「一個人生日是其媽媽最痛苦的一日。」

　　隨即想起妳已不在我身旁，我是怎樣也開心不起來。

　　妹妹的生日快到了，她和妳是同一天（4月29日）的，我的心情更複雜了！心明明在淌淚，又不敢讓妹妹知道；之後又會想，疼愛我們的妳，應希望自己的寶貝女兒有個快樂生辰吧？

　　妹妹應該察覺到我的心事，遂建議和她提前慶祝，相約 Joey 妹一起，吃一頓素自助餐。我平日很深閨的，喜歡獨來獨往，但妹妹只得一個，作為她的姊姊，實應滿足她這個簡單的生日願望。

　　再說，想起當年冒著生命危險誕下她的妳，如今已不能再和她一起慶祝，我相信她的心情應該和我同樣複雜和難過。

　　我知道，妹妹很緊張我，常想我吃好一點，因我是一隻頑固的倉鼠，只肯吃鼠糧和杯麵。我不喜歡品嚐美食，其實是和

妳過去十四年半不能進食有關！我不喜歡大吃大喝，是因為當年我為了減肥而狠狠傷害了妳有關！

是我，為了減肥，拒絕再和妳一起進餐，拒絕接受妳特地做給我的冰皮月餅。是我，逼妳接受不同治療，害妳流了不少血淚，插著鼻胃喉飽受折磨。如今的我，只求簡單生活，盡量避免殺生，希望能減輕一點罪孽，在天父和妳面前爭取更好的表現。

今次這頓素自助餐，表面雖說和妹妹慶祝生日，實情是她和Joey妹精心為我設計的「衝破自閉一日遊」！她倆帶著我這隻自閉大鄉里倉鼠吃完素食遊公園，搭完小輪搭叮叮，由九龍遊到香港島，遊到我在叮叮上睡著了。

媽，謝謝妳送這個妹妹給我，讓我的人生旅途不用那麼孤單！

慧，謝謝妳不嫌棄這隻古怪倉鼠！祝妳健康平安！幸福快樂！

40. 累積的勇氣

　　媽，妳知道我為甚麼要待妳離開我兩年之後，才開始著手寫這本情書給妳？

　　因為我需要時間自我療傷，整理那張滿臉眼淚鼻涕的花臉。

　　妳離開我的頭兩年，是我一生中最黑暗痛苦的日子，我可說是完全失去了自己，再看不見光明和希望。眼淚可以隨時決堤而出，儘管我已盡力緊守閘門。滿腦子都是妳的臉容、聲音、表情和動作，只要想起妳已永遠離我而去，我永遠不能再見到妳，心就會劇痛，感覺近乎窒息。

　　我經常望著妳的骨灰和照片大哭：「媽，我好掛住妳！妳幾時返嚟帶我走？天父幾時准許我離開？」越想越絕望，越想越難過。

　　坦白說，不是因為怕得罪天父，我真想找個方法立即追回妳，但我真的不敢這樣做。唯有每次痛哭過後，待思緒慢慢沉澱，想起妳是多麼愛我，一定不忍心看見我傷害自己；隨即逼自己抹乾眼淚、用水洗臉、抖擻精神、重新出發。

　　阿肥可是肥媽的心肝寶貝呢！

　　以前妳經常對我說：「阿肥，阿媽好愛妳，妳想要天上面嘅月亮，阿媽都願意摘落嚟送俾妳！」

　　每次聽見妳這樣說，我都會取笑妳：「妳咁肥，邊飛得起？」口雖這樣說，但心裡卻是甜絲絲的！

我笑妳肥，我何嘗不是青出於藍？妳最肥時一百四十八磅，我最肥時一百八十四磅；阿肥比肥媽更肥，更飛不起；但我比妳更有衝動，飛往更高的雲端找回妳！

想起以前每晚放工可以立即來院舍依著妳，如今只能獨個兒留在中心工作至深夜，箇中那種淒涼的感覺真是非筆墨所能形容！我每天都會回想最後一天在「善寧之家」，我放工後收到妹妹通知趕回來，妳呼吸困難竭力撐著（我從未見過妳的臉色如此灰黑），看了我們三個女兒最後一眼後，閉上雙眼垂下頭那一幕；每想一次，淚就流多一點，心就劇痛一次！我不敢再走昔日的舊路，不敢再到院舍附近的地方，連教會我也不敢去，因為那裡有太多妳的影子，我怕我的心臟負荷不了。

但原來，時間是一種奇妙的麻醉劑，我發現，當昔日的片段不斷在腦海中重播，現實境況日以繼夜地重複出現，儲淚的堤壩會無聲無息地漸漸越築越高，淌血的傷口會被趕來捍衛的血小板所阻擋。

我開始慢慢調整自己的想法，內心雖然仍期盼妳盡快回來接我，但同時積極尋找方法，盡量把每天時間填滿。我希望做更多自己喜歡和有意義的事，結果，眼淚開始漸漸流少了。

我不停勉勵自己，每過一天，我又可近妳一步；每做一件好事，我入閘的機會又大一點；我一定要入到閘，才有機會找回妳；而這度天國閘門，門檻比任何閘門還要高！

經過了兩年屢戰屢敗、屢敗屢戰的奮力作戰，結果，我於妳離開我兩週年（2022年1月30日）那天，到了獸醫診所探望剛進行截肢手術的「心心」（我在流浪狗場助養的寶貝），買了一大袋罐頭和一隻香薰毛公仔為牠打氣。

妳和妹妹新曆生日那天（2022年4月29日），我請她陪我一起帶我最愛的助養寶貝「二筒」往覆診。

　　相比起前兩年經常哭至天昏地暗，我發現自己開始慢慢改變，變得比以前更堅強和勇敢，懂得在哀悼過程中注入新的意義。

心心加油！
為妳禱告！
30.1.2022

29.4.2022

多謝阿慧生日
陪我睇醫生！
I Love You！

為妳寫書這構思其實早已出現，但提筆卻要等到兩年後的今天，只因我必須先調整好自己的思緒，才有心有力籌備這份禮物給妳。我不要這份禮物只盛載沉痛的眼淚、我不想再增添妳沉重的負擔、我希望這是一份充滿愛的禮物，讓天國的妳重溫我倆今世的緣分。

　　媽，我知道我未來要走的路仍十分漫長，我甚至看不清楚前路和方向；但我會鞭策自己繼續奮勇向前走，即使跌倒，也要立即爬起來。我希望讓妳見證到阿肥由小變大，由肥變瘦；亦能見證到阿肥由消極變積極，由懦弱變勇敢。

　　我會繼續努力，我一定會做到！

41. 大鄉里流浪記

　　仰望天空會想起妳，遙望大海會想起妳，眺望山巒會想起妳，細望花草會想起妳，想著想著，不知走到那裡去了？

　　天色開始陰暗，間中夾雜雨粉，但我並沒因此退縮，反而越走越起勁！我不想半途而廢，不想中途退出，因我相信，妳會在天國看著我。

　　2022年5月7日（六），第十四次獨自流浪，第一次遊到港島區大潭水塘，第一次體驗在山林迷路的感覺。

　　我是一名大鄉里，過去三分一的人生，每天都只在家、護養院、長者中心和醫院四處地點循環打轉。

　　當你要照顧心愛的人，你不會有心情和時間，在日常生活裡作出不同的選擇。但當有天心愛的人離開，這緊箍圈會立即碎裂，有些人會感到自由和釋放，因從此不用再受束縛；有些人會感到不慣和失落，每分每秒都十分難過；我是屬於後者！

　　自從妳飛往天家，留在地上的我經常四出亂竄，找方法填補空隙和時間。或許因為經歷過終極創傷，心臟像注了特級強心針一樣，過程中，越變越大膽，大到連我自己也對這個大鄉里另眼相看。

　　「一個人的生日是其媽媽最痛苦的一日。」這句話，我一直有牢牢緊記；但牢記了又怎樣？我根本無法再向妳作出補償！妳送給我的生日卡和貓貓鏡盒，我一直有妥善保存；但妥善保存了又如何？我已不能再擁抱和親吻多謝妳！

　　過去兩年生日，我都刻意躲起來，妹妹送我生日禮物，我大發脾氣，嚎啕大哭！我早跟她說過，我不要任何禮物；妳最痛苦的一天，我怎可以大肆慶祝？妳為我受盡痛苦折磨，我怎可有心情吃喝玩樂？

　　抱歉！我做不到！自從過了二十八歲生日之後，我再做不到！我只想躲起來向妳懺悔，以絕飲絕食一天的方法來懷念妳。

　　經歷了兩年半的反思，今年生日，我悄悄轉換了心態，把悲傷化為力量，為妳籌備一份愛的禮物，打算在妳明年八十歲生日時送給妳。

　　2022 年 8 月 31 日（三），我四十五歲生日。

我不喜歡和人應酬，只想懷緬與妳一起的時光。

我不要慶祝和禮物，只希望妳在天國幸福快樂。

謝謝妳把我帶來世上，讓我在夜空裡發光發熱。

我將會送給妳一本情書，希望妳能永遠記得我。

43. 第四十五個生日之旅

　　2022 年 8 月 31 日（三），我四十五歲生日，四十五年前的今天，妳把我帶來世上；四十五年後的今天，我懷著百感交集的心情懷念妳。

　　和過去兩年那撕心裂肺、痛哭流涕的悲壯境況不同，今年，我同樣以絕飲絕食一天的方法懷念妳，但心情明顯比之前兩年平靜許多。

　　我先往跳舞抒發情緒，再到花墟買花給妳，我買了一束粉紅康乃馨、一束白色小翠菊和一支用毛冷織成的向日葵，三種顏色拼在一起，正代表我當下的感覺：粉紅色的愛、白色的哀、淺黃色的念。

　　和過去兩年的自閉表現不同，今年我懷著感恩的心，接受了姊姊和妹妹送給我的祝福；她倆知道我近期愛上水怪，送了多款水怪禮物給我。姊姊送水怪雨傘、口罩和文件夾；妹妹送磁石毛公仔、冰巾、散紙包、貓貓卡和利是。不單止！妹妹還施展渾身解數，親手縫製了一隻水怪布偶給我；這隻全世界獨一無二的水怪，我已把牠放到妳和大咪的身旁了。

　　說來也真奇怪！當我接過她倆送給我的禮物，感到內心好像有股暖流流過，彷彿感到妳正在天國微笑看著我。我終於體會到妳的苦心和細心，妳多番勸喻我和姊姊修好，再三叮囑妹妹好好看顧我，全因我們三個都是妳肚痛生出來的寶貝女兒。

　　四十五歲生日翌日，我獨自前往普光園探望於五個月前離開的他；望著碑上那張既熟悉又陌生的臉，內心有種難以言喻的複雜感覺。

　　我買了三個雪芳蛋糕和啤梨獻給他和外公外婆（妳幫外公外婆在這裡買了兩個供奉靈位），用濕紙巾輕抹碑上的臉，再把一束迷你向日葵假花插進碑旁的袖珍花瓶裡。

　　雨越下越大，是他對我的回應？他應不會記得，昨天是我的生日。

走過四十五年人生，現在就讓我來個深情剖白：

肥媽，謝謝妳誕下我、含辛茹苦養育我、愛護我！

老豆，謝謝你曾愛過我，帶我去大排檔食自助餐！

家姐，謝謝妳的自私和冷漠，幫我鍛鍊得更強悍！

細妹，謝謝妳陪我一起長大，歷盡無數風風雨雨！

謝謝過去曾經關心和支持我和肥媽的每一位朋友！

人生的經歷不用太多，只要有過珍貴的回憶就好！

人生的旅程不用太長，只要曾經深愛和被愛就好！

44. 節日的思念

　　每逢佳節倍思親，但我切身的經歷告訴我，不只佳節，很多特別的日子，我都會特別想念妳。

　　農曆新年、復活節、清明節、母親節、中秋節、冬至、平安夜、聖誕節、大除夕；妳降臨和離開世界的日子、我送別妳的情人節、妳辛苦誕下我的一天、妳中風倒下的日子、我送妳進院舍和善寧之家的一天，我都特別想念妳！

　　我發現，我對妳的思念，分成四個不同階段：

　　先是妳未中風前，我被愛和幸福重重包圍。
　　接著是妳中風倒下，我抱著妳哭一起抗戰。
　　之後進入倒數階段，我傷心顫抖和妳告別。
　　最後妳飛往天國，剩我孤單一個黯然神傷。

　　人就是這樣，擁有時並不自覺，以為一切乃理所當然。到失去才知事大，後悔昔日沒好好珍惜。假如上天只想給你一點教訓，願意給你多一次機會，你還可頓然醒覺，盡快作出補救；否則就會淪落到我這個下場，在下行的扶手電梯竭力往上跑，卻永遠抵達不到終點，最終

在電梯上滾下來，摔個人仰馬翻、遍體鱗傷。

　　每逢節日，回憶湧現，和當下身處的境況形成強烈的對比，複雜的心情再起連漪。

妳病倒前的每個節日，只有快樂，沒有憂愁；因我可享有假期，兼有慶祝和禮物。

　　妳病倒後的每個節日，雖不能像過往般興奮，但我會花心思為妳製造另類的樂趣。

　　妳生命倒數最後兩年，節日變成了最珍貴的陪伴日子，只因每過一秒就少了一秒。

　　妳離開後的每個節日，我頓化身成賣火柴的女孩，只能在雪地上擦火柴悄悄取暖。

　　2022 年 9 月 13 日，第三個賣火柴的中秋，我被眼前這幅景象頃刻觸動心靈。

　　有媽媽疼愛的感覺多好！有媽媽呵護的日子多好！
　　被媽媽抱緊的感覺多好！被媽媽照顧的日子多好！
　　假如妳仍在我身邊多好！假如妳沒有離開我多好！
　　假如我能愛妳多些多好！假如我永遠不長大多好！
　　假如天父垂聽我的心願，讓我再做妳的女兒就好！

45. 穿越時空的舞步

　　如果每件事情發生都有其伏線，我想由小到大，只愛吃而不愛動的我，於大學畢業後忽然愛上跳舞，是為了妳日後離開我而鋪路。

　　大學畢業翌年，幾位中學女同學硬拉我到健身中心做會員，一付就要我付一年會費，足夠我買四百個漢堡包！

　　當年的我，一百八十四磅；別人在跑步機上跑步，我則在太空漫步；別的女孩在跳舞室內跳躍轉圈，我則像海獅伏在一旁落力拍掌。

　　直到一天，腦海忽然閃過一個念頭，我不想再做海獅，我想跟她們一樣，做一條優美的海豚。

　　於是，我開始瘋狂禁食，進行地獄式苦練，每晚從護理安老院放工回來，星期一、三、五晚上門幫學生補習；星期二、四、六、日往健身中心跑步和跳舞；結果在四個月內，跳掉了七十多磅！

　　廿年後的今天，妳飛往天國，我失去了人生最重要的支柱，再看不見生存的意義和焦點。每晚放工和放假，完全不知往那裡逃。我每晚在中心獨自加班，放假就到處流浪，後來進狗場認識了二筒，每月總算有一兩天較為好過。

　　但問題又來了！一年有三百六十五或三百六十六天，每天二十四小時，意味著未來我還有成千上萬個小時要過！每次想到這裡，又再度陷入迷思中，越想越迷惘，我應怎辦才好？

2021 年 9 月 24 日，我因子宮瘜肉問題進醫院接受手術，入院前想：「如果今次死唔去，我想做返啲自己鍾意又有意義嘅事！」我為自己寫了一張 To-do-list，為妳出書是第一，重新跳舞是第二；手術後一個月，決定先開始實踐跳舞的承諾。

四十四歲，骨頭卜卜脆，要重新走進跳舞室，實在需要無比的勇氣！慶幸我遇上一位好教練，是他再次燃起我對跳舞的熱情和決心；自從 2021 年 10 月 21 日首次跟他上堂，至 2022 年 12 月 31 日，今天是第一百五十堂了。

Dudoy 是菲律賓人，講英文；我英文不好，很少和他交談；但我真的很感激他，因他給了我一個秘密空間，悄悄釋放壓力和感覺。每次專注地跟隨著他的舞步，我都會幻想妳在天國看著我，為這條優美海豚驚歎，為這隻論盡海獅鼓掌。

「阿肥，妳要錫自己多啲，好好保重身體！凡事睇開啲，唔好太執著！我哋開心一日，唔開心又一日，點解唔開心啲過呢？阿媽希望妳永遠健健康康，快快樂樂！」

每次想起妳的說話，我都會感到很心酸和愧疚，累妳為了我擔心數十年，真的很對不起！

媽，我答應妳，阿肥會盡情跳起來，勇敢走下去！

第六章：
寄往天國的情書

46. 不似預期

天氣不似預期，人生很多時很多事也不似預期，正如妳我今生的故事情節一樣。

或許由小到大看見妳常被人欺負，小小的腦袋早已在運轉，我應該怎樣做，才可以令妳感到快樂？我想到了！答案很簡單！做個好孩子，用功讀書，不學壞，夠了吧？但原來，即使我未做到，已預先得到妳無條件的愛。

「世上只有媽媽好，有媽的孩子像個寶！」這句話，一點也沒有錯！

是誰在深夜心急如焚抱著發燒的我跑往急症室，為了照顧我自己通宵不睡？

是誰不忍心看見年幼的我因鼻塞引致呼吸困難，用口幫我把鼻涕吸啜出來？

是誰為了大便下血的我憂心忡忡，寧願自己省吃省用，抱我四處訪尋名醫？

是誰為了烹調營養早餐和新鮮飯菜給我帶回校，一年四季天未光就爬起床？

是誰做了多次手術仍不聽醫生勸喻，為了養活家人，不辭勞苦，辛勤工作？

太多不同層面和不同層次的問題，但答案由始至終都只得一個；那個人，就是妳！

每個人在成長過程中，都曾經歷過叛逆母親的階段，我也不例外。我想我傷得妳最深的時間應是大學畢業翌年，絕食減肥跳舞，結果在四個月內，由一隻一百八十四磅北極熊變成一支一百一十四磅珍寶珠（瘦剩個頭）！那時我常向妳發脾氣，不肯再和妳一起進餐，更對妳烹調的美食表現得極度抗拒！阿肥由小到大可是肥媽大廚的忠實粉絲呢！看見我變成這樣，妳心都碎了。

2005 年 9 月，妳中風前數天，在長者中心學弄冰皮月餅，妳興高采烈拿著作品回來：「阿肥，阿媽今日喺老人中心學做冰皮月餅，呢個最靚嘅，我特登整嚟送俾妳！」

「我唔食！我怕肥！」

結果，三個女兒當中，唯獨我最冷血、最傷妳心！我那絕情的表現，比那個冰皮月餅冰凍逾千萬倍！那個漂亮的冰皮月餅，像妳一樣委屈躺在雪櫃一角；隨著數日後妳突然中風倒下，最後在世界黯然消失。

我原以為自己變瘦一點，妳就不用再被人嘲笑（妳打工那間上海食品店僱主，常取笑我又肥又醜又論盡；妳每次都會為我辯護，讚阿肥又靚又乖又可愛）。

我原以為自己變漂亮一點，妳會有機會飲女婿茶，多個兒子孝順妳，甚至有機會榮升做「外婆」的榮譽。

但結果是，我氣到妳嚴重中風、讓妳永遠沒機會品嚐女婿茶不特止，更被不孝的我送進了護養院！

　　色彩繽紛的肥皂泡瞬間破滅！我才驚覺，自己手裡一直拿著的，並不是童話故事書，而是一部世紀大悲劇！

　　媽，妳知道嗎？每當看見別人一家大小樂也融融，三代、四代甚至五代同堂，我都會感到很心酸、很羨慕、很難過！我很內疚和後悔，以前沒有好好孝順妳，如果時光能夠倒流就好，我一定會比以前做得更好！可惜，過去就是過去，一切已不能返轉頭，我已沒有機會作出補救。

　　媽，假如真有來世，妳願意讓我再做妳的女兒，愛妳多一世嗎？

　　抑或，妳願意原諒我所犯的過錯，在天父面前幫我說多兩句好話，好讓我有機會回到妳身旁，再次好好孝順妳？

　　人生很多時很多事都不似預期，但有件事可以肯定的是，我是真心真意深愛著妳！

47. 小花圃

媽，妳發現嗎？自從妳飛往天國後，經常收到很多鮮花；反觀妳在我身邊時，卻從未收過一朵！

這全因為阿肥的吝嗇啊！我常覺得鮮花太貴，且不切實際，插了數天就會凋謝；倒不如把錢省到院舍開支和醫療費用上，買多些靚睡衣和營養品給妳。

阿肥就是這麼可惡！妳能親手接收時我不買，妳化作一瓶骨灰後，我卻經常買來送給妳，更為妳開了一個小花圃！

自妳離開我之後，我常到花墟流浪，正因為去得多、看得多、買得多、種得多（亦謝得多），結果不同品種的植物亦認識了很多。妹妹常取笑我可以做花王，我告訴她我更想躲進深山當村姑！我想做村姑，在深山種個桂花園給妳。

妳最喜歡桂花，貪其清香又美麗，為此我曾答應妳，他日成功買樓帶妳回家，窗台和花園必種滿桂花！這是我於 2005 年

10 月 17 日送妳進護養院時許下的承諾，可惜我食言了！我並沒有兌現承諾，送妳一個桂花園的家。

　　每次獨自到花墟流浪，我也希望妳能給我一點啟示，好讓我知道今次買甚麼花給妳。我發現自己越來越喜歡買色彩繽紛的鮮花，感覺顏色越多，心境越快樂。

　　如今的妳，已不用再像以前一樣，孤伶伶躺在院舍床上呆望天花，等阿肥每晚放工前來。真的，不用再等到淚眼汪汪，不用再那麼淒涼了！因為妳已化身成天使，可以在天國與堡壘之間自由飛翔。

　　媽，有空的話，多點來堡壘欣賞我為妳種的小花圍吧！阿肥可真是花了不少心血栽種呢！須知戰績彪炳的我，連仙人掌也種死過幾盆！

　　我把鮮花送給妳，藉著鮮花說愛妳！

48. 把心獻給妳

肥媽最愛桂花，阿肥最愛向日葵。

以前每逢假日，我都會陪妳到公園晨運，途經一個農圃，隔網觀賞別人的成果。

一天，看見一朵比我的臉還要大的向日葵，妳告訴我，中間花芯裡一粒粒的，就是我們吃的葵花子。我感到很驚訝，這就是我小時候最愛吃的葵花子朱古力？沒想到，葵花子原來是來自我最愛的向日葵！

如今我每次途經農圃，都會望向同一個位置，看看有沒有人種向日葵？可惜，再沒有了！

妳和我的鼻都很靈敏，對桂花香尤其敏感！以前我不知甚麼是桂花，是妳介紹給我認識的，妳說桂花很香、很清甜；我聞一下，果然心曠神怡！每逢在街上聞到桂花香，我都會即時變身緝毒犬四圍嗅，每當搜到桂花蹤，我會偷偷剪些下來送給妳。

2020 年 9 月 18 日，今天我在花墟第一次買了兩支向日葵，其中一朵向日葵特別吸引我的注意，因它的花芯竟是心型的！

媽，天國有桂花和向日葵嗎？他日我來到時，我倆一起開一個向日葵桂花園好嗎？到時我倆就可以天天在花叢中賞花起舞，還可以來個比賽，看看妳的桂花園還是我的向日葵花田多花，相信一定吸引不少狂蜂浪蝶前來觀賽。真是想起都興奮！約定妳啊！

49. 彼此相依的幸福

媽，悄悄告訴妳，有很多事情，我也很希望和妳一起經歷。

我很希望和妳一起品嚐美食，即使只是一杯雪糕也好，妳最喜歡香芋、士多啤梨和香蕉果仁；我最喜歡蜜瓜和朱古力；自從我變瘦之後，再沒有吃雪糕了。

我很希望帶妳遊覽不同地方，南丫島、赤柱、長洲、信芯園、音樂農莊、嘉道理農場，太多地方，以前我們從沒去過，我希望和妳一起遊歷。當然，若能衝出香港更好！我希望再帶妳重遊我喜愛的日本，到東京迪士尼和米奇老鼠唐老鴨共舞、到北海道欣賞漂亮的花海和薰衣草、到夜市吃美味的壽司和拉麵、到富士山欣賞浪漫的雪景和浸溫泉。

我很希望帶妳到馬來西亞吃妳最愛的榴槤、到英國看大笨鐘和城堡、到法國遊水鄉和鐵塔、到澳洲抱樹熊和袋鼠、到芬蘭找姆明谷和聖誕老人村。

我很希望和妳拍攝一輯動人照片，我倆穿上漂亮的婚紗和旗袍，像那個傳統中式禮餅廣告一樣，母女臉上散發著迷人的神采。

我很希望和妳有很多不同的生活體驗：一起到烘焙店學整蛋糕、一起到大澳坐船遊覽水鄉、一起到大美督湖上踏鴨仔船、一起到流水響水塘看天空之鏡、一起到菠蘿園餵草泥馬；當然更不少了帶妳進狗場，和我一起剷屎、沖涼和餵飯，我要介紹二筒、甜筒、心心和 QQ 四個外孫女給妳認識。

　　還有很多很多，實在太多太多！越想得多，雙眼越澀、鼻子越酸、心坎越痛！

　　當今生的願望再不能達成，我只能期盼一天和妳重聚，到時妳帶我暢遊天國，我倆幸福快樂地生活下去。

50. 勇氣的加冕

媽，是妳不停在為我加油和加冕嗎？怎麼我覺得自己的力量好像變大了？有些想法開始改變了？

2022年4月9日（六），第十三次流浪，第一次遊西九龍文化區。

早上起來，頭很痛，人也很累，但眼見天氣這麼好，不想呆坐等天黑，服了兩粒止痛藥，抖擻精神流浪去。

耀眼的陽光、和暖的天氣、熱鬧的人群、愉快的氣氛。我慶幸我今天的決定沒有錯，與其瑟縮一角自怨自艾，倒不如出外走走舒展身心。

過去這段日子，香港市民都被嚴峻的疫情和嚴厲的抗疫措施壓得很辛苦，我也不例外；每天上班就是為長者費盡心神、勞心勞力，望能加強對他們的關顧和支援。尤其獨居兩老長者，他們身邊大多沒有至親，要獨力面對疫情和「安心出行」，我很怕他們終有一天承受不住，倒下、摔下、甚至從高處跳下來。

須知年紀越大，病痛越多，親友越少，心靈越弱，平日我要關顧過千戶獨居兩老長者，我要給他們能量，自己必先要有滿滿的能量；流浪，是我其中一個為自己充電的方法。

我迎著海風在海濱長廊漫步，遙望閃爍的大海，很久沒看見這麼多人聚在一起享受生活樂趣，露營、野餐、遛狗、遛貓、攝影、放風箏、踏單車、吹肥皂泡，各適其適，應有盡有。

　　媽，悄悄告訴妳，其實我並不快樂；但每當想到妳會為我的苦瓜臉而憂心，我就告訴自己必須加緊練習，練出一個最甜美的笑容。

　　「阿肥，唔好再喊喇！阿媽最驚就係見到妳喊，喊到阿媽心都痛埋！」以前每逢測驗考試，我溫書溫到通宵達旦，塗到滿臉白花油和保心安油，妳總會憐惜地對我說以上幾句對白。

　　我抖擻精神，望著手機的自拍鏡頭，盡量展現自己最漂亮的一面；我覺得自己的笑容很不錯，有點像妳的美人胚子！

　　我微笑著給自己一個「心心」和「讚好」，同時把「心心」和「讚好」送給香港每一位市民；過去這段日子，大家都做得很好了！我希望大家都能像我一樣認同和欣賞自己，為自己打氣！

　　要為別人傳送能量，自己必先有滿滿的能量。

　　肥媽，請妳繼續指引阿肥，為阿肥加油和加冕，阿肥一定會竭盡所能，考多一個一級榮譽報答妳！

51. 守護生命

我常在想，究竟我遺傳了妳幾多？又從妳身上學會幾多？

我想「守護生命」，是其中一門我從妳身上學會的課。

生命這東西，真的很奇妙，有些人費盡洪荒之力掙扎求存，有些人為求盡快解脫而不屑一顧；而我從妳身上學會的是，我們應該尊重和珍惜生命，假如看見對方身陷險境，應主動伸出援手，絕不可袖手旁觀；對人如是，對動物也如是。

天氣潮濕的日子，不難發現遍地蝸牛；每逢下雨天途經公園，我也會特別留意地上有沒有蝸牛。牠們實在太細小、太脆弱，太容易被傷甚至被殺也不自知。

「我明明喺公園散緊步，點解無端端會嚟咗天堂嘅入口？」睡眼惺忪的蝸牛先生莫名其妙揉著雙眼自言自語。

說起救蝸牛，我有兩次特別深刻的經歷。

同是大雨過後的深夜，同是途經荃灣公園，我如常專注四處張望，看看地上有沒有蝸牛。

忽然看見遠處坑渠蓋上面，有個疑似殼的物體，我趕緊上前蹲下細看，果然是一隻蝸牛！

我伸手欲把牠拾起，方發現牠的頭倒樹葱式被渠蓋的罅隙卡著和啜實了！我花了一點力氣、小心翼翼把牠從渠罅拉上來，放到遠離坑渠的草叢裡去。

慶幸我的觀察力不錯，沒有錯過倒樹葱式的牠。

第二次救蝸牛的經歷，畫面更觸動人心！

我看見一隻蝸牛伏在一團支離破碎的同伴屍體旁邊，第三隻蝸牛緩緩走近，挨在那隻痛哭的蝸牛身上。雖然我聽不到牠們之間的對話，但我相信第三隻蝸牛正安慰牠的同伴，且希望盡快拉牠離開案發現場。

為免看著牠們成為之後兩個亡魂，我趕忙用手把牠們逐一撿起，放到較遠的草叢裡；然後再回頭用紙巾把剛升天堂的那隻包好，把牠掉進垃圾桶裡。

教我救蝸牛的人，是妳！

妳每逢看見地上有蝸牛，總會溫柔地把牠拾起，放到附近的草叢或花槽；妳這個善良的習慣，常受到朋輩的取笑，其中一位是妳敬愛的晨運女師傅。

一天，妳如常跟師傅在公園做完運動後離開，看見地上有隻大蝸牛，妳如常上前把牠拾起放到草叢，怎想到師傅旋即衝口而出：「陸太，妳做乜咁好心？咁污糟邋遢！俾我就一腳踢佢落坑渠喇！」

聽見師傅這樣說，妳微笑禮貌回應：「唔好！蝸牛都有生命嘛！」心裡依然敬重眼前這位豪邁女殺手。

我常在想，作為妳的女兒，我遺傳了妳幾多？

我雖然沒有妳那麼漂亮、大方、勇敢、堅強，但有些性格倒蠻像妳的，至少每逢看見有人或動物身陷險境，我都一定會主動上前幫忙。每次從地上拾起一隻蝸牛，我都會即時想起妳，彷彿看見妳在天國微笑點頭：「阿肥，做得好！動物同人一樣都有生命，我哋一定要好好守護佢哋啊！」

守護生命

52. 代我天天伴著妳

　　每一天，都是新的一天，我經常仰望天空，幻想今天妳會否如常在天國看著我。

　　每一天，我都有機會遇上很多不同的人，他們大多是上了年紀的長者和照顧者。

　　每次遇上他們，我的感覺也很複雜，一方面羨慕他們的生命這麼長，慨歎妳我的緣份這麼短；另方面惱恨他們的子女不珍惜，遺憾自己沒有機會孝順妳。

　　長命，究竟是好還是不好？

　　很多人說：「身體健康的話，長命當然好；周身病痛的話，長命當然不好！」

又有人說：「有人關顧的話，長命當然好；沒人理會的話，長命當然不好！」

那麼，如果身體不好，又沒人關顧的呢？

生命的長短，向來不由我們來控制；我應該怎樣做，才能幫助這群獨居長者坦然接受命運的安排呢？

我不是醫護人員，無法醫治他們的病痛（否則，我不用眼白白看著妳受苦而束手無策）。

我不是他們的家人，無法改變和他們沒有血緣關係的事實（否則，我可以為他們作更多重要的決定）。

我不是天父，無法改寫他們的命運（否則，我一定寫一個最完美的幸福結局給妳）。

但我想，雖然我的力量有限，但我可以做他們的水泡，讓他們在茫茫大海中有點依靠，在驚濤駭浪中減輕懼怕。

膽大心細臉皮厚、不怕辛苦和付出，向來是我的強項；雖然我無緣孝順妳至終老，但天父委派我做他們的水泡。

我常在想，天國會否有很多人主動上前認識妳？

「妳係咪肥媽呀？我哋認識妳呀！妳個女阿肥姑娘好乖、好好人，以前成日關顧我哋，對我哋好好㗎！」

以前我做他們的水泡，如今他們做妳的水泡；每次想到這裡，原本忐忑不安的心情會稍為變得安定一點，因為我知道妳在天國不愁寂寞，有很多認識我的人代我天天伴著妳！

156

53. 清明的反思
（此文特別獻給和我一樣痛失摯親的人）

2022 年 4 月 5 日（二），妳離開我後的第三個清明節。

妳和大咪在堡壘、老豆在長生店（老豆上月因交通意外離世，妳為他在寺廟買的骨灰龕位因疫情關係尚未開放）、外公外婆在大鵬灣（因封關未能前往）；今年清明節，我又獨自前往花墟買花給妳。

內心悄悄細數，在我身邊的人已越來越少，現在只剩下和我感情較深的妹妹和關係較疏的姊姊，還有伴了我廿二年半的貓「小咪」。（小咪最終也在 2022 年 11 月 5 日飛往天國和妳團聚了。）

經歷過人生六次送別，我發現自己已被磨練得越來越成熟，雖然內心有個永遠淌血的傷口，但再不輕易在人面前表露出來。原來時間可以令一個人適應和接受，經歷可以讓一個人成長和改變。

失去摯親的感覺是哀傷、絕望、空虛和難過的，尤其當對方是你一生中最愛的人，你會渴望自己的心跳立刻停止，隨對方一起雙雙遠去。無奈的是，生老病死從來不是我們控制之列，

自殺又不能真正解決問題，到時被判
落地獄，就真的永遠不能相見了。

為了逼自己繼續撐下去，唯一的
方法就是不停安慰自己、回想和摯愛
過去的一點一滴、代入對方的想法和
心情，看看應該怎樣反應和自處。

好像我經常會想：「假如死去的
是我，不是妳，我會希望妳怎樣？」

我希望妳不要為我傷心難過，希
望妳繼續身體健康，永遠幸福快樂。

我又會想：「假如一天我死了，我會希望妹妹怎樣？」

我希望妹妹不要為我傷心，笑納我給她的遺產和保險金，
好好享受生活，創造豐盛人生。

如果你深愛一個人，你會希望對方活得比自己好。

如果你深愛一個人，你不會忍心辜負和傷害對方。

如果你深愛一個人，你會希望對方永遠幸福快樂。

如果你深愛一個人，你不會想對方為你傷心難過。

因為我深愛妳，所以我告訴自己，必須勇敢堅強。

因為我深愛妳，所以在妳離開後的第三個清明節，決定用清甜的花香取代苦澀的眼淚，傳送給在天國的妳。

54. 寄往天國的生日祝福

2022 年 4 月 25 日（一），農曆三月廿五，今天是妳七十九歲生日。

越接近妳的生日，思緒越起伏翻騰，昔日吻賀妳的畫面，再度重現眼前。遺憾自妳七十七歲生日開始，我再不能親手送生日禮物和香吻給妳，取而代之的是，以絕飲絕食一天的方法來懷念妳。

我想體驗妳的痛苦、我想分擔妳的厄運、我想彌補我的過錯、我想傳送我的牽掛；因此我決定，每年妳的舊曆生日（三月廿五）、我的生日（8 月 31 日）和妳回天家之日（1 月 30 日），我都會以絕飲絕食一天的方法來懷念妳。

和過去兩年一樣，今年，我畫了一幅生日畫送給妳，不過畫風明顯和過往兩年不同，今年這幅畫可熱鬧了！除了有妹妹、大咪、小咪和我，還有我在狗場助養的四隻寶貝——二筒、甜筒、心心和 QQ，伴妳一起慶祝！我發現，我畫得自己最醜，像個丫烏！不過，倘若阿肥不醜，又怎能突顯壽星女的美？

完成畫作，又是時候出發買花。抱歉我依舊沒送妳最愛的桂花，因為桂花必須泥種，我怕會有蟲；且體積太大，堡壘沒空間擺放。不過，我挑選的鮮花絕對不錯，色彩繽紛，像心心、也像蝴蝶。

　　和過去兩年不同，今年我再沒有哭哭啼啼，哭到滿臉眼淚鼻涕；還有，朝早起來沒喝咖啡也再沒感到頭部劇痛（這可是去年11月，我到仁濟醫院照胃鏡時，被醫生插傷喉嚨吐血入院，兩星期不能喝咖啡的「戒毒成果」）。

　　原來，當一個人經歷一些痛苦之後，是會有所改變；妳離開我之後，我最大的改變是，我開始認真反省，如果我是真心愛妳，就不應經常哭哭啼啼，破壞妳的心情和氣氛。

　　和過去兩年悼念妳的形式不同，今年，我再沒有買到滿枱子食物給妳（因曾吸引蟑螂先生飛來賀妳生日，嚇得我即時拿著殺蟲水追著牠起舞）。今年我把妳喜歡的美食（士多啤梨栗子蛋糕、榴槤和雲吞麵）統統畫進畫內送給妳，希望妳會欣賞和笑納我的創意。

　　媽，祝妳七十九歲生日快樂！在天國自由自在！幸福快樂！

55. 沒有主角的母親節

　　2022 年 5 月 8 日（日），沒有妳相伴的第三個母親節，我三度陷入沉思：「這個沒有主角的日子，我可以為妳做些甚麼？」

　　母親節，四周的人都在放閃，天下間的母親都在今天特別備受關注和重視。而我，失去了妳的我，就被排擠在會場門外，門外守衛森嚴，門牌寫著「閒人免進」！

　　小時候的母親節，畫母親節卡是必做的功課，這份習作由幼稚園開始，我每年都會畫一大束鮮花加一大堆心心送給妳，再加一個胖胖的媽媽手抱一個胖胖的娃娃。

　　中學至大學時期，印象不算很深，都是一份禮物和一頓飯餐；妳繼續為我們奔波勞碌，這天也不會例外。

　　回憶之所以珍貴，因它已經封存，永遠不會重演。妳抗戰期間那十四個母親節，我每個都和妳在一起，雖然再不能請妳吃大餐，但每年我都有送禮物給妳，更會為妳高唱《媽媽好》、《真的愛妳》、《世上只有》，以及一大堆阿肥為肥媽創作的歌歌。

不過，細心想想，也不全對，事緣我每天都會來院舍探望妳、照顧妳，禮物和情歌更經常出現，絕不是節日限定，那時對於我來說，根本天天都是「肥媽節」！

　　自從 2020 年 1 月 30 日（四）妳被天使接往天家，每年的母親節，我註定難過了！四周盡是母親節的宣傳和佈置，大大小小人群都在放閃；而我只能靜靜躲在堡壘，望著妳的骨灰哀傷懷緬。

　　假如時間可以倒流，我一定不會減肥，我會牽著妳的手，帶妳去吃自助餐，我倆吃到捧著肚皮走。

　　假如時間可以倒流，我一定會花更多時間陪妳，聽妳講日常生活瑣事和心事，帶妳遊遍整個香港。

　　假如時間可以倒流，我一定會買一大束康乃馨向日葵給妳放閃，再送很多盆清香燦爛的桂花給妳。

　　假如時間可以倒流，我一定會帶妳衝出香港，周遊列國，我要擁著妳，拍攝很多美艷動人的照片。

　　可惜，這一切全是我的空想；因為，時間永遠不會倒流！

　　2022 年 5 月 8 日（日），沒有妳相伴的第三個母親節。

　　抱歉我不會和別人瘋搶康乃馨給妳，因肥媽小花圃一年四季常開。

　　抱歉我不會像旁人一樣帶妳出來放閃，因妳已永遠活在我心深處。

　　我要向全世界大聲宣佈：「我都有個絕世好媽媽，只是她此刻人在天國。」

雖然我不能再和妳一起慶祝，但我無時無刻都想念著妳；我正為妳籌備一份愛的禮物，準備在妳明年八十歲生日那天送給妳；到時妳就可以拿著這份禮物在天國到處放閃，讓所有天使知道，阿肥如何深愛妳了！

56. 捨身成仁的榮譽

媽，我獲獎了！在妳尚有八天就離開我足足兩年的時候。

事緣我把我們的經歷寫了下來，參加「窩心小故事比賽——『照顧者——無私奉獻』」，僥倖獲得亞軍。以下是我的作品：

《永恆的愛》

妳的犧牲，成就了我的愛心，我一定會將妳給我的愛和經驗發揚光大，幫助更多有需要的人。

2005 年 9 月 8 日，我的人生經歷了徹底的震撼和改變，才六十二歲的妳，突然中風了！我完全無法想像，日間是護理安老院社工的我，晚間卻成了護養院私家看護！妳，變得多麼虛弱；更不幸的是，我們的家，沒有升降機！

淚，流了很多；但我，絕不放棄！

我竭力尋求治療妳的方法，學習照顧妳的技巧，除了金錢和時間，還需要有無比的意志、耐性和愛心！照顧妳逾十四年，除了更換胃喉我不敢學習，其他護理工作（清潔口腔、胃喉管飼、注射藥物、更換尿片、洗頭沖涼等）我統統學會和一手包辦！

我每晚放工和放假定必來院舍親自照顧妳，一天也沒間斷過！我常帶妳到處遊玩，從妳甜美的笑容，我知道妳雖苦，心仍樂；因為，有我在妳身旁！

2005 年 9 月中風、2017 年 10 月確診 HER2 乳癌、2018 年 9 月再度中風，我努力儲了十三年錢，終買了一間小堡壘，「帶妳回家」的承諾終能兌現！

　　當了十九年社工，我更首次申請無薪假，前後八次帶妳回堡壘，彼此相依一百一十一天！

　　每天相見來得不易，彼此相依更加困難；惡性腫瘤的擴散，腦部血管的病變，2019 年 12 月 20 日，我護送妳進「善寧之家」，彼此相依了四十一晚。2020 年 1 月 30 日，妳終由天使接走飛往天家去！

　　照顧者的道路並不易行，過程中的血淚不是旁人所能明白；故我除了在工作上繼續默默耕耘，更在 Facebook 開設專頁《小北斗的夜空》，我希望讓所有照顧者知道：「你，並不孤單！」

親愛的肥媽：

　　謝謝妳讓我照顧了妳十四年四個月零廿二天，正如由小到大，妳照顧我一樣！就讓我們約定「天國再見」！

永遠愛妳的二女兒

阿肥

上

後記：

　　當我看見比賽海報時，內心即泛起陣陣漣漪，我反覆思索了很多遍，「無私奉獻」這四個字，應該放在被我照顧的妳的身上更為貼切；因妳是多麼為我設想，多麼愛我，知我不捨得和妳分手，甘願犧牲自己，強忍痛楚，一直配合我的安排，接受各類殘酷治療，為我撐到最後一刻。

　　媽，對不起！我真的很懷念以前照顧妳的日子，更眷戀扮演被妳寵幸的幸福公主；可惜，自妳離開之後，我甚麼也不是了！

　　我不再是照顧者，因妳不再需要我照顧；我更淪落成孤兒，因妳已永遠離我而去！每當看見別人一家樂也融融，我會迅速關閉自己靈敏的耳和心，深怕壓抑在心底的醋意和哀傷會不自覺流露出來。

　　今次寫這本書給妳，我可是鼓起了極大的勇氣，我把封存已久的回憶翻箱倒櫃出來，把過去和妳相依的每個片段細膩重溫多次，越接近竣工，感覺越失落。我開始懷疑和擔心，我當前付出的努力，是否真的能換取重投妳懷抱的機會？我知道我不會找到答案，我只能催眠自己，妳在天國看著我，我必須鞭策自己繼續向前邁進。

　　媽，我答應妳，我會繼續努力，把我倆的經歷化作對別人的祝福，他日拿著兩張一級榮譽證書，飛來天國和妳相見。

57. 永不忘記的聲音

聽說，一個人瀕死時，最後消失的是聽覺，即使已經看不見、嗅不到、說不出、動不了，但仍能聽得見聲音。

同樣，有些人的聲音，你永遠不會忘記，即使對方已不能說話、不在身邊、不會出現，甚至已消失於這個世界。

中二開始，我常往大窩口邨探望五位獨居長者，七十八歲壽春婆婆最令我印象深刻！婆婆因糖尿上眼已完全失去視力，聽覺則失去近八成，每次上門探望她前，我必先用電話大聲地通知她我將會到來，好讓她有心理準備開門給我。而她每次都能立即認出我的聲音，因為，她心中有我。

預科兩年，班主任暨中史科主任吳家望老師（Mr. Ng）是很多女同學的偶像，身型魁梧兼眼神深情的他，最喜歡高唱「新亞書院」院歌，亦是排球高手。

Mr. Ng 很疼我，雖然當時我很肥，一點也不漂亮；但因為我乖，成績也不錯，所以從他手中拿過不少獎項。最令他感到欣慰的是中七 A-Level 放榜，我考到 2A、2B、1C 成績，令向來被

歧視的中史班終能吐氣揚眉！我永遠不會忘記他把成績單遞給我時眼含淚光的笑容和磁性抖動的聲音：「陸美玲，恭喜妳！為我哋 A 班爭光！」

可惜，這把聲音於 2003 年在世上永遠消失，奪去聲音的不是 SARS，而是他一直善待的家中男菲傭！更令人激憤的是，那名滿手鮮血的惡魔，最終竟然能逍遙法外！

1999 年，我中大社工系畢業，剛完成會考的妹妹因暑期工雙手嚴重受傷，令肥媽和我心如刀割、心力交瘁。

向來賞識我的中大社工系鍾陳麗歡教授（鍾太），得悉事件後竟親自致電我，說從同學口中獲悉我的境況，猜想我不能專注找工作，特地為我撰寫了一封英文求職信和推薦信，望能助我一臂之力！

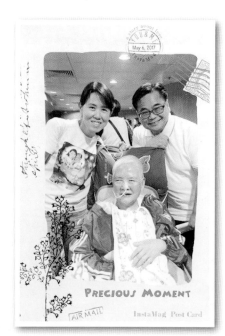

她那憐愛的聲音，深深烙印在我的腦海；她那兩封手稿，我一直沒有用過；我把它們收藏在書櫃裡，和那把權威夾雜憐愛的聲音永久封存。

在夜空閃爍逾廿三年，我曾經歷無數黑暗日子，亦曾遇過兩位好上司，他們在我滿身插箭時出手相助，在我傷心無助時出言安慰，他倆的臉容和聲音，我同樣不會忘記。正義基督徒──袁淑儀服務總監、傑出大師兄──郭烈東總幹事，謝謝您們！

還有，抱著肥媽一起抗戰最後兩年，曾飛來我們身邊，關懷和安慰我們的每位守護天使：英華堂陳德義牧師、司徒康執事、陳玉玲幹事；以及我和妹妹的朋友 Elaine、Joey & Maggie，衷心感謝您們！

　　很多人說，一個人老了特別喜歡懷念，因為很多東西已經失去，只能透過懷緬來尋求安慰；而我雖然未步入老年，但比任何人更喜歡懷緬。

　　我的腦海藏有很多寶藏，回憶庫的聲音亦絕對不少，當中有一把親切的聲音，我特別深愛和懷念，我很渴望能再次聽見，可惜永遠再不能聽她親口對我說。

　　慶幸我曾逼她唸過數句對白，把那段短短數秒的聲音錄了下來，成為了我的手機鈴聲：「肥肥，聽電話！I love you！拜拜！」

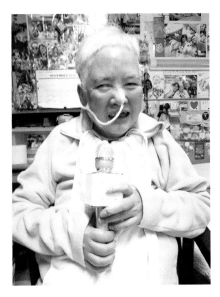 

58. 夢中再見

「夢中見」這句話很易説出口，但真的要在夢中見卻不容易。

常説：「日有所思，夜有所夢。」怎知又是假的！我每天都在想念妳，又不見我每晚可以夢見妳？

我每晚都會發夢，雖然我睡得不多，不到四小時就會自然醒來（不論上班抑或放假，天天如是）；即使小睡片刻我也會發夢，五分鐘睡眠足以讓我在夢境逛一圈回來。

和妳分手已三十一個月，我很少在夢中見到妳，印象深刻的只有兩次；如果夢見妳的次數代表妳想念我的程度，我擔心妳已開始忘記我。

第一次夢見妳是 2021 年 10 月 12 日早上 6 時 35 分；第二次是 2022 年 8 月 19 日清晨 5 時 25 分，兩次的內容細節，我都記得十分清楚。

第一次，我在街上走著，在斑馬線等過馬路，看見妳在馬路對面。妳變年輕了，像我大學畢業時那個模樣；頭頂綁了一個類似頭帶的髮飾，迎面笑著向我走過來。

我對妳説：「媽，妳靚咗啊！妳唔好衝紅燈呀！」

妳微笑看著我，那刻我意會到妳剛去完旅行回來，正準備去買點吃的東西給我。

妳笑著回了我一句，但我記不起妳說了甚麼。由於稍後回家會再和妳見面，我倆就這樣分手。妳步過我之後，我轉頭回望妳，內心有點不捨的感覺。

就在此時，鬧鐘響了。

雖然只有短短數分鐘，但這是我第一次夢見妳健康快樂的模樣。

等了十個多月，終於等到第二次，夢中的妳，又變年輕了，像我唸中學時那個模樣。

妳受一位婆婆所託，焗製了一個 Hello Kitty 加 XO 公仔立體生日蛋糕，事緣婆婆的孫女快將生日，她想訂造一個蛋糕送給孫女。妳約我陪妳一起送蛋糕到婆婆家中，我倆抵達一所高尚住宅，一位戴眼鏡、束灰白髮馬尾的婆婆出來迎接我們。

婆婆對妳的作品很滿意，我則在旁不停推銷，讚賞妳如何用心製作，稍後更會做一個公仔蛋糕給我（或許我一直緊記著自己快將生日）。

走過大廳，看見孫女，一個戴眼鏡長頭髮的中學女生，她不認識我們，我向她微笑點頭一下，很羨慕她那麼幸福。正當我倆離開大宅的時候，畫面突然中斷了。

我睜開雙眼，望向枕邊鬧鐘，時針和分針同時指著 5 字；我命令自己立即入睡，望可追回夢中的妳；可惜，再追不到了。

媽，兩次夢見妳，妳都比和我分手時快樂和年輕，是因為天國沒有時間，還是妳已化身成天使？

　　雖然我想妳在天國應該生活得不錯，不過，有空的話，我仍希望妳能多些來夢中探我，因我真的很想妳呢！

　　期待與妳，夢中再見！

59. 變幻的晚霞

　　昨天的晚霞，很美！

　　我往花墟買花給妳後回堡壘途中，有幸看見這驚艷的一幕！但不消十分鐘，天色漸漸暗下來，月亮探出頭來了。

　　自從妳飛往天國之後，我經常抬頭仰望天空：「天國是否在雲層之上？妳是否在偷偷看我？大咪和二筒是否在妳的身旁？」

　　為了讓自己有力氣繼續走下去，適度的幻想和自我安慰是必須的。

　　每過一天，過去依偎著妳的畫面和擁抱妳時的感覺又淡了一點；隨即安慰自己，換個角度來看，我倆重聚的日子又近了一點。

妳的臉容、聲音、表情、動作、我擁抱妳時的觸感和體溫，我依然記得十分清楚。

　　不只是妳，昔日我抱著大咪和二筒，牠倆的身軀、體重和毛髮的質感，我都記得十分清楚。

　　這些溫馨的回憶，一直給予我源源不絕的氧氣，每當感到身心疲憊時，我會把它們小心拿出來細味一遍，然後再放回記憶庫深處，抖擻精神走下去。

　　夕陽無限好，只是近黃昏。

　　生命總有終結的一天，猶如黑夜每天都會降臨。

　　我要努力克服黑夜帶來的恐懼，懷著期盼的心迎接翌日的晨曦。

　　我要積極完成人生的使命，拿著優異的成績表奔向最心愛的妳。

60. 黑夜裡的聖誕樹

　　黑夜裡，發出亮光的聖誕樹告訴我：「聖誕節快來臨了！」

　　聖誕節，普天同慶的日子，慶祝耶穌從天上降臨，透過聖母瑪利亞，誕生在馬槽之中。夜空出現閃耀恆星，引領牧羊人朝拜耶穌，天使在星空裡高唱：「救世主誕生了！」

　　除了耶穌，還有聖誕老人，坐著鹿車從天而降，透過煙囪，爬入屋內，把禮物放進掛在床頭的襪子。襪子一定要夠大夠厚，不能掛平常穿的那款，否則放不進禮物就大件事了！

　　假期、禮物、燈飾、大餐、漂亮的裝潢、熱鬧的氣氛，相信沒有甚麼人會不喜歡聖誕節。

還有聖誕歌：*We Wish You a Merry Christmas*、*Jingle Bell*、《平安夜》、《普世歡騰》、《馬槽歌》等，統統是我的飲歌！我常覺得自己很適合報佳音，可惜從沒有人找過我。

小時候，學校舉辦聖誕聯歡會，妳會為我製作聖誕帽，七彩顏色卡插滿七彩的雞毛，引來不少同學艷羨的目光。

我更常被老師選中上台表演，可能因為頭戴肥媽聖誕帽，更添魅力和自信，結果經常成為老師的目標對象。

令人垂涎欲滴的大食會，往往是聖誕聯歡會的重要主菜；妳精心炮製各款美食：咖喱魚蛋、茶葉蛋、鹵水雞翼、腿蛋治、啫喱糖，讓我帶回校和老師及同學一起分享；眾人無不豎起拇指大讚，無不捧著肚皮大喊。所以我常說：「每個成功學生的背後，總有一個慈母在撐腰！」

妳對自己吝嗇，卻對女兒大方，平日節衣縮食，目的是給我們最好的生活。妳帶我們到尖沙咀看燈飾、買禮物、吃自助餐；一個節日，往往花掉妳半個月工錢！可是妳絲毫不介意，還笑

睩睩的説：「只要妳哋健康快樂，阿媽就心滿意足喇！」我不禁懷疑，妳和偉大的聖母是否有血緣關係？

2005 年 9 月 8 日，妳突然中風倒下，我倆角色從此調轉；我不能帶妳去吃自助餐，因妳再吞嚥不到；我不能帶妳周遊列國，因妳再不能乘搭飛機。取而代之的是，我會在院舍為妳佈置房間、唱聖誕歌、跳聖誕舞、講聖經故事、拆聖誕禮物。

我會預約復康巴，和妹妹一起帶妳到尖沙咀看燈飾，雖然未能像其他人一樣大吃大喝，但我很珍惜和妳相處的時光，很陶醉擁抱妳時的溫暖感覺。

2019 年 12 月 20 日，我護送妳進「善寧之家」，那裡的聖誕樹很美，我的心很痛；四周環境很靜，妳的身體很弱；一個近似天堂般優美的地方，暗中上演著一個令人流淚的故事。

我在房間伴著渾身淌血的妳，像聖母一樣癱軟在巨型十字架下，流淚仰望自己最心愛的獨生子，快要離開自己返回天父身邊去。

三年後的今天，眼淚已被寒風冰乾，但回憶依舊保持溫暖。我暗盼能遇見聖誕老人，讓我跳上他的順風鹿車，隨他一起飛往天國，派送聖誕禮物給妳。

　　2022年的聖誕，我放了一個悠長假期（因要清年假關係），這個破天荒長達十七天的有薪假期，我除了跟教練跳舞和與妹妹吃了一頓午餐，其餘時間全都奉獻給妳。

　　我花了逾二百七十個小時作最後衝刺，為妳籌備明年八十歲的生日禮物（就是這本情書）；希望妳會看見我的誠意，不論聖誕節妳是否在我身旁，我每天都在想念妳，每天都和妳一起渡過。

　　衷心祝福妳和大咪、小咪、二筒在天國聖誕快樂！天天平安快樂！

61. 新年我曾快樂過

農曆新年，喜氣洋洋，一家團聚，歡天喜地的日子。

小時候過農曆年，妳會帶我和妹妹一起行花市，買年花、買玩具。

後來妹妹升上小學，因家中經濟環境不好，妳決定重出江湖打工；堪稱「湯圓皇后」的妳，每逢農曆新年尤其忙碌，年卅晚更要返通宵！所以，自我小學四年級開始，已再沒吃過團年飯了。

性格溫純的妳，在上海食品店打工十二年，每年只得大年初一至三合共三天有薪年假（事緣這幾天催主關門休息），這三天珍貴假期，妳可忙透了！弄蛋角、煎年糕、包湯圓、煲糖水、把預先烹調好的一百隻茶葉蛋翻熱款待賓客，帶我們到長輩家拜年，送上祝福和心意。

我和妹妹唸的天佑幼稚園、以及我們三姊妹唸的天佑小學前校監和校長，是其中一戶妳重視的關顧對象。每年中秋和農曆新年，妳都會帶我和妹妹上門探望她們，送上禮物、祝福和利是。這幾位年紀比妳大二十至三十年的修女，一直得到妳的敬重，她們對於妳的長情亦深表感動，每次都會握著妳的手，感恩地向天父祈禱。

妳敬愛長輩這個美善習慣，一直維持到我大學畢業第六年，妳突然中風而被迫中斷；自從 2005 年 10 月，我送了妳進護養院後，翌年開始，接著十四個農曆新年，我都會在院舍伴妳一起渡過。

　　我會幫妳打扮得漂漂亮亮（其實平時同樣漂亮），輪椅背掛著妹妹買給妳的卡通氫氣球，讓妳雙手拿著載得滿滿的全盒，推著妳在院舍四圍轉圈派餅乾和糖果。

　　我會構思特備節目，帶妳外出行大運，近至公園和商場，遠至花市、蠟像館，都曾留下我們的笑聲和足跡。

　　儘管妳身心都很累，但有這個滿腦子鬼主意的阿肥在身旁，妳根本不得不隨時進入作戰狀態，迅速回應及展現妳可愛的笑容。

媽，對不起！辛苦委屈了妳十四年，我想我已儲夠印花落地獄！

2020年1月，一生中最悲傷淒冷的農曆新年，我在「善寧之家」的房間內，乖乖伴妳的身旁，懷著百感交集的心情，悄悄掛上賀年吊飾和畫新年卡送給職員。我如常於大年初一凌晨零時零分向妳拜年，給妳香吻和利是，可惜妳再無力回吻我。直到大年初六，天使終於成功把妳從我的魔掌上救走，護送妳飛往天家。

假如你們問我：「肥媽走後的農曆新年，妳怎樣渡過？」

我坦白告訴你們：「我自己一個靜靜地過。我會買些禮物送給自己喜歡的人、派利是給妹妹、一些長輩和同事。雖然我沒有結婚，今後亦不會結婚，但利是這些受歡迎祝福，還是要派的。」

媽，期待一天回到妳身邊，到時我的新年將再度熱鬧起來！我要和妳一起穿上情侶裝、牽著妳的手跟妳到處逗利是！事實上，阿肥雲英未嫁，根本不應派利是！天國有這麼多疼我的老友記，我終於可以不受阿肥姑娘的束縛，把他們給我的祝福統統袋袋平安了！

62. 孤身走我路

不少人問我：「妳有冇諗過搵返個伴？」

這個問題，由二十歲答到今年四十五歲，我的答案依舊是：「冇！」

「妳好啦喎！人又靚、心地又好、又有份好工；搵返個伴有咁悶，第日老咗都有人照顧妳嘛！」

前半部的美言我深表感激，後半部的忠言我不敢認同。

由小到大，我也渴望有個哥哥（若不是當年醫療失誤害妳失去了寶貝初生兒子，我確實是有個哥哥的）。

可能因為看見妳常被人欺負，老豆和姊姊對妳又不好，驅使我常渴望挺身而出保護妳；但有時力有不逮，心想如果有個哥哥就好！

由小到大，我都常擔當保護別人的角色。

或許因為身型肥大，臉皮夠厚，說話大聲，所謂「唔打得都嚇得」，由中學唸女校至中大讀社工，我常擔任領袖的角色，更會送女同學回家；她們有我這隻北極熊貼身保護，都表現得很安心。

每個女孩，都曾幻想自己成為白雪公主，一天，英俊的王子騎著白馬跑來自己身邊，我也不例外。

中學時期，我很喜歡黎明，當時更晚晚祈禱，希望日後能嫁給黎明。我喜歡黎明，除了因為他那俊俏的外型，更因為他英雄的形象，如果大家看過和記電訊廣告，就會明白阿肥少女的情懷。

杳無人煙的雪山，女友因一時之氣，獨自滑雪而出了意外，最終要男友捨身救回。摸著自己跌至骨折的手，女友歉疚的望著男友：「我係咪好任性呀？」

脫下外套披在女友身上、解下圍巾固定女友的手，自己不停吹氣搓手原地彈跳的男友：「係！不過係我揀嘅！」

我渴望有人保護我，當我身陷險境和無助的時候。

這個渴望，由 2005 年 9 月 8 日至 2020 年 1 月 30 日一直存在！我很害怕、不知所措，一位我最心愛、由小到大保護我的人突然身受重傷，死神對她虎視眈眈！我很想救她、很想保護她、很想好好照顧她，可惜即使竭盡所能，依然做得不好！難關和挑戰接踵而來，我的眼淚也快流乾了！我很心痛、很辛苦、很傷心、很無助，我很想有人保護我！

正確一點說，我很想有人挺身而出，和我一起保護妳！

可惜，沒有！一直沒有！最渴望的時候沒有，如今已不再需要了！

我已習慣獨力面對一切，最難過那關（和妳永別）亦已跨過，我已不再需要有人作伴。再說，我亦無力再建立新感情，每當想起二筒突然飛往天國找妳時我瞬間崩潰，我就知道，自己還是「孤身走我路」好！

孤身走我路，背後有很多原因，除了因為個人的成長背景和經歷，亦和內心渴望追求的東西有關。

看著外公外婆冷戰分開數十年、老豆對妳多番背叛和傷害、周邊的人迅速離離合合，我就明白到這世上根本沒有恆久的愛情。

我對人付出真心，反常被出賣傷害，令我更加深信，這世上只有妳一個是真心真意愛我和無條件待我好。而妳亦是我今生的唯一，我一直渴望能好好孝順妳，給妳幸福快樂的生活，只是上天不肯給我機會。

如今妳已離開，我已再沒強求，所以下定決心，獨自瀟灑走下去。

瀟灑走下去，無需再有任何感情負擔！

獨自走下去，不會有機會傷害任何人！

雖然間中有點孤單，但我絕對應付得到！

因為我已習慣孤獨生活，笑著凝望鏡中的自己流淚起舞！

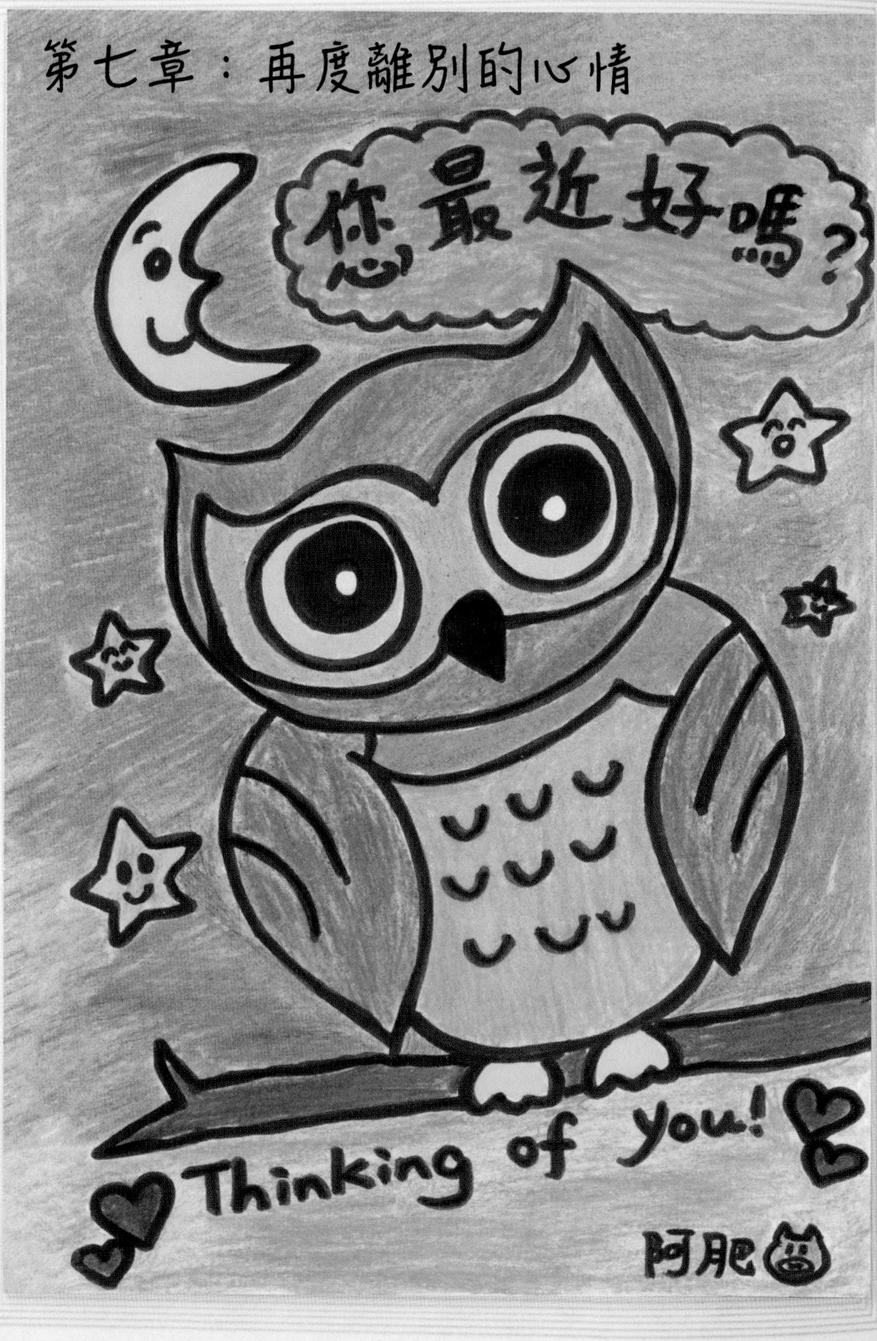
第七章：再度離別的心情
您最近好嗎？
Thinking of you!
阿肥

63. 拜拜老豆

老豆走了！悄悄走了！一切也來個正式終結了！

從沒想過，我有機會出席他的喪禮。正確一點說，我一直暗盼不用替他籌辦喪禮。

我，很不孝吧？

只因過去的畫面，實在太刻骨銘心！

他，絕對不是一個好丈夫和好爸爸，妳和他的婚姻，是外婆的自私造成。外婆為了投靠妳生活，逼妳下嫁一個年紀比妳大十一年、互不相識、在港沒有雙親、嗜好吸煙和打麻雀、彼此毫無感情基礎的人。

我反覆問自己：「我太絕情了嗎？」

他，曾背叛傷害妳無數次；妳，流淚原諒他一次又一次。

妳在醫院誕妹妹時，他和人打通宵麻雀！

妳汗流浹背工作時，他和債主扭作一團！

妳在醫院做手術時，他北上尋歡包二奶！

妳快被死神擄走時，他開心回鄉飲喜酒！

彼此拉拉扯扯數十年，因妳的心軟和他的厚顏，加上外婆從中作梗，一直未能來個正式了斷。

2014年10月9日，當我親眼目睹八十二歲的他在街上拖著一個中年女人談笑風生，那刻我正式宣佈：「從今以後，我再冇老豆！老豆一欄係：喪父！」

他遇上交通意外前兩星期，曾回家找我，那天碰巧是情人節（2022年2月14日），妳的安息禮兩週年。

他問姊姊：「阿肥呢？」那刻，我躲在房間裡不敢出來。

既已狠心離開，為何仍要回來？

他遇上車禍那晚（2022年2月25日），警察上門拍門，姊姊開門迎接，我同樣躲在房間裡不敢出來。

為甚麼他會令我這麼反感和害怕？直到走進殮房，見他最後一面，眼淚忍不住流下來了！

是歉疚？是遺憾？是悲傷？是害怕？我不肯定。我只知道，和妳當天離開我時全世界突然漆黑一片、我的呼吸和心跳差不多停止的感覺不同；他離開後，我竟有種如釋重負的感覺！因我不用再怕在街上遇見他，更不用再怕他突然跑回家。

我和姊姊、妹妹商討過後，把他的骨灰放進妳一早為他準備好的地方；為免讓三個女兒操心，妳未雨綢繆，細心為自己和他安排好永久的住處，這個雙人合放骨灰龕位，妳於中風前四個月（2005年5月14日）悄然買下，妳帶我去參觀，把收據交給我，把人生最後的重要事情交託給我。

　　媽，請原諒我違背了妳的心意，毅然把妳抱了回堡壘，原打算永遠放棄這個骨灰龕位，怎想到最後竟有緣用上。

　　我按照了妳的寬宏和大方，把老豆的骨灰獨自放了進去。

　　媽，妳知道嗎？

　　從妳身上，我學會了大愛和寬恕；妳離開後，我學會了勇敢和堅強。老豆在生時，我學會了成熟和獨立；他離開後，我學會了原諒和放下。

　　在沒有他的成長過程中，我很感恩有妳這位好媽媽一直身兼父職保護我、照顧我。

　　雖然我和他的情緣不算深，但仍感謝他曾帶給我零碎的美好回憶。

　　如今，妳走了，老豆也走了，一切也來個正式終結了。

　　我會好好活下去，不會讓妳的犧牲白費，不會辜負妳對我的期望；最重要的是，我必須回報妳一生獻給我那無盡的愛。

64. 心碎傳聲筒

　　每次分離都磨鍊著我的意志，雖然過程十分難捱，但我會盡力替自己療傷，絕不容許自己中途離場；因我知道，倘若我中途放棄，我將永遠抵達不到終點，永遠再見不到最心愛的妳。

　　從來沒有料過，二筒會走得這麼突然、這麼急，急到我完全反應不過來，急到我的淚再度決堤而下。

　　我喜歡的二筒、妳委派牠來安慰我的二筒，突然一聲不響，於 2022 年 6 月 22 日早上飛到天國找妳述職去了。

愛是永恆當所愛是你！

　　我原以為，妳離開我已是今生最大的打擊，經過那次撕心裂肺的磨鍊，日後我將能冷靜面對一切生離死別場面。

　　就像今年 3 月送別老豆，我完全沒有太大的傷感；我甚至乎已有心理準備，準備送別伴了我逾廿二年的小咪。

　　但原來不是這樣的！有沒有傷感，關鍵在於分手對象和分手過程；二筒在毫無預兆之下突然離開，我真的很心痛、很難過。

　　雖然我和牠只相識了短短廿個月，匆匆相聚了五十次，由 2020 年 10 月 25 日第一次進狗場，牠主動上前吻我的臉開始；直到 2022 年 6 月 19 日，我探望牠第五十次。

　　三天後，早上 6 時 50 分，場主突然通知我「二筒走了」這噩耗，我頓感晴天霹靂！我即時向上司申請兩小時急假，聯絡寵物善終公司，趕赴狗場。

　　我摸著盆裡熟睡的牠，激動得淚如雨下！

　　牠是我熟悉的二筒嗎？牠是和我心靈相通的二筒嗎？牠每次看見我都會興奮得邊叫邊跳，怎麼今次對我的呼喚不瞅不睬？冷漠得令我心寒和懼怕！我是多麼愛牠，多麼不捨得牠，牠可是妳委派給我的心靈治療師呢！怎麼病人未痊癒，牠便突然殉職了？

　　很多人說，二筒已到了彩虹橋，不知從那時開始，每當有動物過身，都說牠們去了彩虹橋。但彩虹橋在那裡？通往何處？我不知道；我只不停安慰自己，二筒已飛往天國找妳。

　　媽，妳看見二筒嗎？有沒有一隻額上有兩粒黃色圓點、像麻雀二筒的狗狗跑來找妳？如果有，牠就是二筒了！

　　假如天國和凡間只是一睡之差，我多麼希望自己能像二筒一樣，在夢中跑進時光隧道，瞬間奔回妳的身旁。

　　媽，請妳幫我擁著二筒，代我告訴牠：「二筒，謝謝妳！謝謝妳愛我、靠近我、安慰我！我也很愛妳，經常掛念妳！可惜我倆的情緣這麼短！我會把妳的骨灰抱回堡壘，讓妳和肥媽及大咪一起，永遠陪著我！雖然今生妳要在流浪狗場渡過，但妳最後遇上了一個真心愛妳的人；那個人，就是我！」

65. 送別貓貓的勇氣

　　因為妳，我愛上貓；亦因為妳，我餘生不會再養貓。

　　小咪快不行了！吃已吃不下、水只舔幾口、身軀越來越瘦、走路跌跌撞撞、常失平衡跌倒。

　　曾有送別二十歲寶寶和十九歲半大咪的經驗告訴我，已過二十二歲半的小咪，快要到天國和妳及大咪重聚了。

　　因為妳愛貓，由小到大，家裡都有貓。

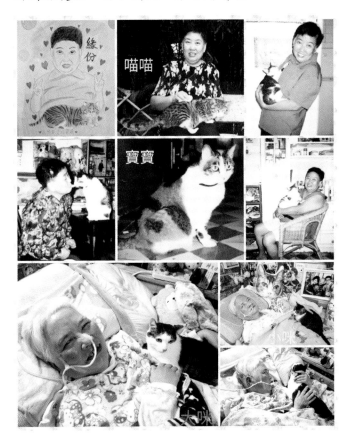

　　小時候，外婆常外出工作，家裡只剩妳一個，妳怕黑又怕鬼，家中先後有阿咪和阿花陪伴妳，妳每晚都會抱著牠們一起睡。

　　自我出世開始，家裡就有狸貓和寶寶。和我同齡的狸貓在我八歲那年，妳飛往美國照顧跌倒受傷外公期間，被老豆和姊姊弄丟了！

　　事緣老豆早上出門見姊姊尚在睡覺，開著大門叫她起床上學。狸貓好奇走出門外觀光，老豆不知情下關上了門，狸貓未能進屋。之後姊姊出門上學，在家樓下明明看見牠伏在樓梯旁，但竟然說不認得牠！自從那天開始，狸貓再沒有回家。

　　我嚎啕大哭寫信給妳，妳打長途電話回來和我一起痛哭！狸貓走失後，寶寶傷心了很久，這位膽小三色貓公主，過去一直有男友呵護，痛失男友後，躲在貓窩裡飲泣不肯出來。

　　寶寶陪伴我到我大學二年級，1997 年暑假，我回中大校園上堂，寶寶在妳懷抱裡當小天使去了。

　　寶寶離開後，我們決定不再養貓，因不想傷心多一次。妳改為每天早上到公園餵流浪貓，風雨不改。一天，妳如常到公園餵貓，發現一隻小貓剛出世不久，妳回來告訴我們，我們都興奮極了！結果，天生充滿愛貓基因的妳，在我們三個女

兒鼓勵下，把大咪從公園抱回來了。

　　大咪回家後不到半年，一天，妳發現家樓下公園花槽有隻小貓，妳於晚飯時提起，我和妹妹立即放下碗筷，衝落樓下公園找貓。我看見暗黑的花槽有雙眼珠在閃閃發光，我溫柔地呼喚牠，牠竟慢慢走來我身邊，我雙手一抱，就這樣把小咪徒手抱回來了。

　　在妳悉心照料下，大咪和小咪都健康成長，精靈活潑。直到 2005 年 9 月，妳突然中風，再不能回家，大咪和小咪從此失去了愛錫牠們的好媽媽。

　　自從妳被我送進護養院後，大咪、小咪和我就三依為命；每晚凌晨 1 時多，我探完妳回家，只有牠倆會在門口等我；無數個悲傷落淚的深夜，只有牠倆在身旁安慰我。

　　當中大咪和我的感情尤其好，每晚都會伏在我的胸口和我一起睡。儘管我的房間沒有冷氣機，夏天天氣熱辣辣，我的臉頰很紅，大咪的毛很白，我和牠就是這麼浪漫，貼在一起焗桑拿！

我感冒發燒，大咪就通宵不睡，睜大雙眼靜靜伏在我身旁，半步不敢離開。直到翌日早上，我出門上班，牠就累到連早餐也吃不下，蜷曲在貓籃內呼呼入睡了。

　　大咪伴了我十九年半，於 2019 年 7 月確診腸癌。8 月 23 日（五），我抱了虛弱的牠上床和牠同睡了最後一晚；翌日早上，牠待我出門上班，妹妹出外買收納箱時，緩緩閉上眼睛，再沒醒過來了。

　　由大咪病危直至離開，我一直不敢告訴妳，因當時妳也不幸第四次中風，加上乳癌細胞迅速擴散，胸前傷口大量出血、且持續發燒，我除了痛哭，再想不到任何辦法。

　　2020 年 1 月 30 日（四），妳終完成人生使命，由天使護送下飛往天家，自此大咪伴著妳，小咪伴著我，我們這個兩人兩貓組合，就這樣一對在天，一對在地，不知不覺維持近三年。

　　如今，小咪也快將起程和妳及大咪重聚，很快，地上將只剩我一個了。

　　經歷過人生七次送別，外公（1993 年 7 月 13 日）、外婆（1996 年 2 月 11 日）、寶寶（1997 年 8 月 11 日）、大咪（2019 年 8 月 24 日）、妳（2020 年 1 月 30 日）、老豆（2022 年 3 月 1 日）、二筒（2022 年 6 月 22 日），我可說是一位資深的送行者。

　　隨著經驗累積，心情和表現亦有改變，當中送別最心愛的妳，是我一生中最震撼沉痛的打擊！

　　很快，我將面臨第八次送別，今次的主角，是伴了我廿二年半的小咪。經歷過終極打擊，加上之後再多兩次實習（老豆和二筒），我發現自己已明顯變得沉著和冷靜。我向小咪道謝

和道別，感謝牠陪伴了我廿二年半，感覺縱然不捨，但我衷心祝福牠。

　　媽，我會好好照顧小咪，直至牠返回妳的身邊；到時小咪重遇妳和大咪，一定開心得活蹦亂跳。不過，請不要忘記還有一個在乖乖排隊，請妳到時記得帶著大咪、小咪和二筒一起來車站接我。

2022 年 10 月 13 日

晚上 11 時 45 分

66. 不忍切斷的情緣

有些人建議我給小咪安樂死，但我真的下不了手！

當年二十歲的寶寶我下不了手、十九歲半的大咪我下不了手、如今二十二歲半的小咪我同樣下不了手！

是因為我太自私，怕成為殺貓兇手？還是因為我太懦弱，不想和小咪分手？我不太肯定。

我只記得，2018 年 9 月，妳再度嚴重中風，加上乳癌惡化，竭力和死神搏鬥；我在明愛醫院替妳簽署「放棄搶救同意書」（DNR-Do Not Resuscitate）時，曾經歷撕心裂肺的痛楚，哭到差不多猝死的哀傷。

眼見小咪胃口越來越差、骨瘦嶙峋、全身乏力，頻頻跌倒，昨晚放工，我又買了一大堆罐頭和醬汁回來。我跪在地上，對牠又哄又氹又唱歌，但求牠願意舔一點點。

每隔半小時就去貓屋看牠一次，看牠的睡姿有否異常、腹部是否仍有起伏。有時聚精會神依然看不清楚，唯有刻意吵醒牠，睡眼惺忪的牠，被我弄得莫名其妙！

早上特地早點起床，幫牠換尿墊、抹眼、抹臉、哄牠吃早餐；放工也盡量快點回家，再幫牠抹眼、抹臉、換尿墊、哄牠吃晚餐。

小咪或許被我的誠意和苦心打動，有時會盡力提起精神溫

柔地「喵喵」回應我。為了展現其
男子氣概，即使沒有氣力，仍滿步
蹣跚走到廚房去水位小便。看見我
伏在地上對牠又哄又逗，即使胃口
不好，亦會盡力舔一點湯汁，甚至
試過吃掉整罐牠以前從來不吃的慕
絲！不過，由於雙眼看不清楚（疑
似白內障），加上頸部乏力，常舔
到滿鼻子醬，像個可憐的小丑一樣。

　　踏入 10 月，天氣開始轉涼，間
中橫風橫雨，猶如我的心情。雖說已有心理準備和小咪分手，
但眼見牠這樣深情，幾次走到天國門外偷看妳和大咪之後又返
回我身邊（2022 年 10 月，小咪曾休克三次，每次都進入彌留狀
態，個多兩小時後才醒來），每天和牠緊密互動，本已坍塌的
堡壘再度緩緩築起，內心越來越不捨得牠。

　　看著牠的情況越來越差，感覺就像玩俄羅斯輪盤一樣，不
知牠何時正式啟程往天國找妳。牠會待姊姊、妹妹抑或我在家
時離開？還是我們三個都在時離開？抑或我們三個都不在時離
開？坦白說，我有點害怕要獨自送牠往天國的閘口，不過即使
內心如何不想，也只能叫自己勇敢面對。

　　我安慰小咪，叫牠不用害怕，不論牠飛往天國找妳和大咪，
還是繼續留在我身邊，我同樣愛牠。

　　我謝謝牠於廿二年半前，讓我徒手在公園草叢抱回來。

　　我謝謝牠和大咪伴我一起撐過那段妳不能回家的歲月。

我謝謝牠自大咪和妳離開後，伴我一起承受喪親的寂寞。

我謝謝牠對我的忠心和包容，一直默默愛我、守護著我。

我告訴牠我要跟牠學習，像牠一樣堅強，撐到最後一刻。

我告訴牠我會繼續照顧牠，不離不棄，撐牠到最後一刻。

小咪或許知道我複雜的思緒，最終選擇在 2022 年 11 月 5 日深夜，當我在夢中的時候，俯伏在貓屋旁邊的地上（我猜牠是想出來看我最後一眼），悄悄飛往天國找妳去了。

67. 好好說再見

　　小咪回到妳身邊，家裡變得更靜了，現在回到家中，再沒有貓等我了！

　　很多人勸我不要太難過，我不知怎樣形容內心的感覺。

　　小咪離開我，我並沒有哭，只是每當想起牠俯伏在地斷氣那刻，我正身處夢中，就覺得很愧疚，很對不起牠！

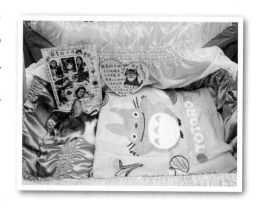

　　我想，小咪愛我的程度，遠超過我愛牠的；不然牠不會往返天堂門外三次，第四次才決定留在妳和大咪身邊。其實，我不是不愛小咪，只是當我已失去最心愛的妳，整個人已變得較前空洞和麻木，很多事情已看得不太重要。

　　「小咪離開這裡，相信會更快樂！」有人這樣對我說。

　　我有種認同的感覺！因牠不用再承受肉體上的痛苦及心靈上的寂寞。自從大咪於 2019 年 8 月 24 日率先飛往天國，小咪就成了可憐小孤兒，默默思念伴牠一起長大、與牠相擁而睡的好哥哥。現在，

小咪也完成其貓生使命飛往天國，不但可以見回妳及大咪，更多了二筒這位新朋友，相信一定比留在我身邊更快樂。

　　當愛我的一個接一個離開，仍在我身邊的變得越來越少，我感覺自己變得越來越輕了。不是體重變輕（我依然是那張湯碗臉），而是心靈變輕，因為越來越少感情束縛。現在，除了妹妹會牽動我的思緒，以及間中要為姊姊操心之外，基本上我已沒有任何牽掛了。

　　當送別的經驗越來越豐富，傷痕纍纍的心會變得越來越強壯。

　　就讓我們先好好說再見，期待他日好好再相見！

68. 逆境中的最後防線

　　逆境，可以使人從此一蹶不振，也可以使人變得更加堅強，關鍵取決於個人的性格、經歷、想法和態度。

　　我是一個不喜歡逆境、但經歷不少逆境的人，很多次以為自己會一跌不起，但最終還是竭力爬起來，一直撐到現在。

　　所以說，一個人的意志可不是鬧著玩的！

　　上星期一，上門探望八十五歲的張伯和比他年少三歲的太太，八十二歲的她於 2022 年 8 月初從屋邨商場扶手電梯滾下來，跌斷了腰骨。手術尚未開始，卻因麻醉引致心跳和血壓急跌，被送進深切治療部搶救。留醫三個半月，最終戴著腰封和助行架，被非緊急救護車送回家。

　　操普通話的她，激動地握著我的手，流著淚說：「阿肥姑娘，我現在能夠坐在這裡和妳說話，全因妳給了我第二次生命！謝謝妳在我躺在醫院、最害怕和絕望的時候一直和我聯繫、支持我，我真的很謝謝妳！」

　　結婚五十九年，一跌，令她和丈夫分開三個月！只差一點點，就要永遠分開，永遠不能再見！

　　她向我表示感激，我知道只是客氣的表現，雖然我一直關顧著她和丈夫；但我知道，把她從鬼門關拉回來的不是我，而是靜靜坐在一旁、默默點頭的他。

　　2022 年 11 月 19 日，本是送別小咪的日子，但因妹妹身體不適進了醫院，所以我主動改期了。

是小咪，讓我再度看見為心愛的人付出的勇氣和堅持，一個月內，先後往返天堂三次，第四次才決定留在妳和大咪身邊。

　　我勸妹妹取病假好好休息，常熱心工作以致廢寢忘餐的她，結果和我在醫院大吵一場！我不知道怎樣告訴妹妹我的心意，我只想同任社工的她，應該和我抱著同一信念「同理心」，換轉是我入院，她應該會和我說同一對白吧？

　　「將心比己，感同身受」，是我向來做人的宗旨，我願意為他人付出，因我有愛、有情、有義；我努力工作，因我不想辜負妳把我帶來世上的意義。

　　但願小咪原諒我的決定！

　　但願妹妹體諒我的嘮叨！

　　但願每位長者，都能感受到我的心意！

　　但願妳在天國繼續好好看顧和守護我！

　　但願我有足夠力量和勇氣繼續走下去！

69. 抱著骨灰說愛您

　　不飽覽群書也不知道，原來遺體火化用的爐，溫度高達八百至一千二百度！只需一個半小時，原本一個血肉之軀，就會變成一堆骨頭；之後把骨頭放進打磨機打磨，就變成一堆骨灰了。

　　常說：做人很「化學」，原來是對的！

　　科學家一直努力鑽研醫療科技，醫生積極裝備和進修自己，目的只有一個，就是想延長人類的生命。但實情是，呼吸和心跳可以一秒之間停止！軀體變成骸骨亦只需個半小時！這一刻我能抱著妳，感受到妳的體溫和心跳；下一秒可能只可抱著一具冰冷的軀體，甚至是一堆被風一吹即散的骨灰！

　　不是曾有多次擁抱骨灰的經歷，我也不能語重心長地提醒大家「珍惜」的重要。

　　抱著第四瓶骨灰（小咪）回堡壘途中，我感觸的對妹妹說：「辛辛苦苦儲咗十幾年錢，原本以為買到一間小堡壘，就可以帶肥媽返屋企，同大咪、小咪團聚，唔駛再瞓喺老人院咁凄涼！點知最後竟然變成骨灰堡壘！除咗肥媽、大咪同小咪，仲多咗隻二筒！」

因為曾經失去，我學懂「珍惜」；因為曾經後悔，我學懂「及時」；珍惜和喜歡的人相處的時光，及時對喜歡的人表達心意。

以前當妳、大咪、小咪在我身邊時，我經常會抱著您們說「我愛您」，更會經常給您們情深的香吻。

二筒也是一樣，雖然我和二筒只相識了二十個月，彼此匆匆相聚了五十次，但我每次進狗場都會抱著牠，吻牠的臉頰說「我愛妳」！

我不會感到難為情，因我天生臉皮很厚；我不會感到沒意思，因為我不說出口，您怎麼知道我愛您？

「我愛您」這三個字很短，說出來只需一秒；但又有多少人真的願意開口說出來？

有些人會說：「你時刻都在我身邊，我對你的心意你怎可能不知？」

但我想說：「即使我知，也想聽你親自開口對我說，因這才證明我對你的重要！」

親愛的肥媽、大咪、小咪和二筒：

雖然我們已不能在一起，但我的心裡永遠有著「您」！

雖然您們已不在我身旁，但我會抱著骨灰說愛「您」！

第八章：
北斗劃過的星痕

70. 小北斗星語心願

　　每個人從事工作的動機和心態也不同，我是真心喜歡從事社工這份工作的。

　　大學迎新營首晚，學長問我們一群新生，為甚麼選讀中大社工？

　　同組八個新生，四個表示因成績不好，入不到心水學科，但想入中大，唯有揀社工；接著兩個表示，社工實屬第三志願，不知為何跌了進來。

　　我默默聽著，十分失望！

　　我會考成績 2A、2B、4C，高考成績 2A、2B、1C，不算十分標青，但當年很多中學老師和同學都不停游說我揀選一些熱門學科（心理、新聞與傳播和工商管理）。但我堅持揀選中大社工，因我希望將來能夠成為一位幫得到人的好社工！

　　自我唸中二開始，就定期（每一至兩個月一次）前往大窩口邨二十座探望五位獨居長者，每次都會送給每人一袋禮物。除了基本的水果、麵食、餅乾、飲品、日用品之外，還有他們各自的心頭好。

　　壽春婆婆最愛老公餅和吉列豬扒飯、謝成伯伯最愛上海麵、亞友婆婆最愛雪芳蛋糕、笑英婆婆最愛提子、楊伯伯最愛韭菜豬肉餃。

　　我未賺錢時，肥媽給錢我買，我中五暑假開始替學生補習，就自己掏錢買，肥媽更曾跟我一起上門探望他們。

唸中大社工那三年，我連續三年獲頒「滙豐銀行獎學金」，每次都會給予五位長者每人二百元（新年利是也是每人二百元），但求有福同享，有錢同分，皆大歡喜。

　　從那時開始，我就發現社會上有不少長者生活頗艱苦，有些甚至早已被遺忘。

　　做社工，是我自初中開始的志願，當年因為看了一齣電影《肥貓流浪記》，更進一步奠定了我投身社工的決心！我不能說自己是一名優秀社工，但絕對是一個熱心主動、有情有義、願意付出和敢於承擔的女孩；每當看見別人有困難，我會主動伸出援手，雖然不是每次助人過程都順利、身上更會不時插箭、結局也不一定完美，但我會盡我所能，務求無愧於心。

　　從事安老服務社工逾廿三年，不少人都覺得我頗失敗，有這麼多年經驗，竟還是服務經理職級，同時兼顧前線和行政工作。但我想說，我是真心喜歡現時這個職位，除了自問學歷和能力未必能勝任更高職位外；更重要的是，我很喜歡助人的過程和感覺！與其坐在辦公室內作遙距指揮，我覺得以我個人的性格、學識、價值觀和經驗，更適合親力親為從事前線工作。

　　一個笑容、一句答謝、一份信任、一臉牽掛、一支錦旗、一張賀卡，都源源不絕地給予我在夜空閃耀的力量，更是我申請天國通行證的重要履歷（肥媽於 2020 年 1 月 30 日離開我，直到 2022 年 8 月 31 日，我四十五歲生日那天，過去三十一個月，我共收到三十八封讚賞信、十八張感謝卡和四支錦旗）。

　　每個人，一生追求的目標也不同，有人追求浪漫愛情、有人憧憬幸福家庭、有人渴望名利財富、有人嚮往民主自由；而我，

由始至終都很專一和簡單，就是希望能盡快升天堂，返回肥媽的身旁。

　　我一定要做更多好事，將小北斗的亮光發揚光大，把肥媽遺傳給我的愛心，積極延續下去。

71. 聖誕老人的傳說

　　從事長者外展社工十多年，我曾探訪過千戶獨居兩老長者，當中一戶年老夫婦遇見聖誕老人的真人真事，至今依然令我記憶猶新，不過一直找不到終極答案。

　　2016年冬至，我拿著兩袋滿滿的寒冬禮物包，上門探訪一對年老夫婦。

　　堅叔七十三歲，傷殘人士，天生小兒麻痺症，自小行動困難；四十二歲那年，左眼因視網膜脫落完全失去視力、右眼視力少過三成。堅嬸，六十六歲，智障人士，思考能力和反應較一般人慢、說話能力稍遜、發音和咬字困難、步行緩慢；但性情溫馴，心地善良。

　　兩人於1979年結婚，當年他三十六歲，她二十九歲；因雙方家人反對，自此和家人斷絕來往。兩人沒有子女，一直互相扶持，共渡了三十七個寒暑。

　　探訪期間，我要求他倆拿銀行存摺給我看，好讓我了解他倆的經濟狀況，以便作出更合適的支援。

　　我打開存摺一看，真奇怪！我發現每月除了有一筆九千元綜援金存款外，還有一筆一百二十元存款，遂向他倆打聽這筆錢的來源。

　　兩人相視而笑，堅叔娓娓道來以下這件真人真事。

　　「我十五歲嗰年，住李鄭屋邨，成日喺公園同一個街坊朋友捉棋。有一日，呢個朋友突然問我：『阿堅，你每月夠唔夠錢洗？』

我笑住同佢講：『勉強夠啦！』

點知佢話：『話俾我知你個銀行戶口號碼，我每月存錢入你戶口。』

我以為佢講笑，將銀行戶口號碼話俾佢知，點知自下個月開始，每個月真係有一百二十元存入我戶口！

我唔知呢位朋友叫乜名？但我見過佢爸爸，我估呢筆錢係佢叫佢爸爸存俾我。

有幾耐，啲街坊話我知佢哋搬走咗，由於佢之前冇同我講過會搬，所以我從此同佢失去聯絡。

但呢筆一百二十元存款，並冇因為佢哋搬走而終止，每個月仍會自動存入我戶口，直到今時今日，我七十三歲。

我去過銀行問職員邊個轉帳俾我，但佢哋話唔清楚，亦唔會講。

我成日喺度諗：『唔知呢位朋友仲在唔在生？抑或已經死咗？死前叫仔女繼續存錢入我戶口？我真係好想搵返佢。』」

我聚精會神聽他說著，聽到目瞪口呆！

隨即問他：「你記唔記得呢位朋友係咪姓李？會唔會係李嘉誠？」

他笑得很開懷：「唔知呀！我都好想知，我真係好想見返佢！當年我同太太申請綜援金，福利署職員都覺得好奇怪，特登走去問銀行，但都係得不到答案。」

這個世界，原來真的有聖誕老人！

雖然我從沒遇過，但如果你們知道這位聖誕老人是誰，請你們聯絡我！

72. 只願一生做姑婆

　　做了阿肥姑娘這麼多年，很多長者都會把我當作孫女看待，不少更為我的終身大事而著急。

　　中大畢業後，我進了一間護理安老院工作，每逢農曆新年，院友們都會心急地圍在一起，督促我盡快在門口那棵大桃花下轉圈；好像轉多幾個圈，王子就會騎著白馬，拿著桃花來向我示愛。

　　梁婆婆的女兒在威爾斯親王醫院任職護士，她常叮囑女兒幫我留意，留意有沒有醫生人品好又未結婚。每次看見我，就向我道歉：「阿肥姑娘，對唔住呀！無聲氣！」

　　趙婆婆在我最後一天上班時拿出抽屜內的小布袋，內裡藏著一隻金手鐲，說原想待我結婚時送給我。怎想到婚禮見證不成、手鐲被我拒收、我明天還要走，她傷心到哭了起來！

　　從事長者外展社工隊長十多年，他，一直是我的得力助手，他因為曾得到我的幫助而投身義工，望能報答我的恩情。

　　一天，回到中心，收到他的來電，邀請我出席本週日他的八十歲生日壽宴；這是他第五年邀請我，我第五年謝絕他。一來自覺身份不合、二來我從不愛應酬、三來我知道他背後的用意，他想介紹他那位已離婚的兒子給我認識，兒子有樓有車，

還有一個正在唸小三的女兒。他坦承，因為覺得我人品好，又乖又孝順，所以想我做他的新抱！

「如果妳嫁俾我個仔，就可以唔駛再返工，全職照顧肥媽喇！」

他說中了我的心事，但這絕不是我的心願！

「我係好想全職照顧肥媽，但從來冇諗過結婚，我淨係想中六合彩！」

他竟把我的話放在心上，再次走進已廿多年沒踏足過的投注站，買了三次六合彩金多寶！每次買完就立即致電我，叫我稍後給回他二十元。全因他一片苦心，我合共捐給賽馬會六十蚊！

他歉意的說：「我後生嗰陣好有橫財運，宜家老咗乜運都冇喇！」

為了答謝他的邀請，我買了一張生日卡，畫了一座大包山，於放工後寄給他。

卡內寫著：「壽星公，謝謝你！謝謝你欣賞我！過去五年，屢戰屢敗，屢敗屢戰！但你應知道，我的心，除了肥媽、大咪和小咪，已再沒有多餘空間和時間投放到其他人身上。送一座巨型大壽包山給你，祝你生日快樂！和心愛的家人天天健康平安！幸福快樂！」

73. 相依為命的烏龜

每天回到工作崗位，我會立即變身「阿肥超人」，施展渾身解數，帶給長者歡樂；盡心關顧他們，讓他們知道他們並不是孤單一個。

2022 年 7 月 15 日，阿肥超人又幫助了一位和烏龜相依為命的獨居婆婆。

我勸婆婆聽街症醫生的話，盡快前往急症室，她這邊說要買龜糧，那邊說要拿消費券，東拉西扯，最終都是要我親自出馬，才肯乖乖就範，讓救護員送她到醫院急症室。

認識我的長者很多，喜歡我的長者不少，可能因為我為人爽直又真誠，常把他們當成自己親人一樣；七十九歲的好姐，是其中一個。

左膝已腫脹了兩星期，昨天往賽馬會診所覆診拿柏金遜藥，醫生發現後，立即寫轉介信叫她前往急症室。她沒有理會，逕自回家。

同事告訴我，好姐昨天曾致電中心找我，因我昨天放假，遂立即回電她，獲悉以上情況。

好姐，沒有結婚，有一個比她少幾歲的妹妹和妹夫作為緊急聯絡人，因妹妹身體也不好，好姐平日很少打擾她。

我知道好姐的情況後，立即上門探望她。

抵達她家門口，她沒關上木門，我看見她正伏在地上找烏龜！

一個人生活的歲月，慶幸有烏龜陪伴她。

我先看昨天醫生寫給她的轉介信，再掀起她的褲管檢查膝蓋，眼見左膝腫脹到像隻大鵝蛋一樣，按下去感覺裡面灌滿了水！

好姐患有柏金遜，平衡力不好；好像昨天又跌倒，屁股落地，花了數分鐘才能成功爬起來！眼

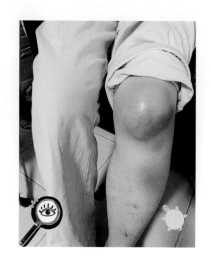

睛常有分泌物，左眼睜不開，一天要滴數次眼藥水，但很多時也滴不中！看東西矇查查，像霧像雪又像花！

我耐心向她解釋，望能釋除她對急症室的疑慮；我答應替她買龜糧，出院後陪她拿消費券，她才肯乖乖就範，讓我替她電召救護車入急症室。

等候期間，我叫她安坐休息，我替她執拾行裝，除了身份證、鎖匙、手機、充電器之外，水和餅乾都是必備的孖寶。好像昨天，我送一位血壓 190/80 的獨居婆婆入院，下午 1 時抵達急症室，晚上 7 時 30 分仍未有幸見醫生。

這點我絕不感到意外！2018 年 9 月，我在院舍替妳沖涼後懷疑妳再度嚴重中風，電召救護車陪妳往明愛醫院急症室，下午 4 時抵達，直到午夜 12 時，他們仍只把妳摒棄在觀察病房外圍走廊，未肯推妳進放射治療部照一張腦掃描。

那刻我擁著插著鼻胃喉、患有糖尿病、少了兩餐奶和一餐藥、氣弱柔絲的妳，在冰冷的空氣和冷酷的嘴臉下，一邊顫抖、一邊落淚。

　　慶幸今趟好姐運氣不錯，傍晚 6 時致電她，她已上了病房，醫生說要替她抽水和種菌，她的寶貝烏龜，要託妹夫幫忙照顧了。

　　有人罵我感情氾濫，為了一隻流浪狗可以傷心良久；妳離開我已成事實，我卻經常沉溺在哀傷之中，真是一個懦弱沒用的傢伙！我聽了那人的批評，感到很委屈和難過，我不期望人人喜歡我，但至少希望別人能尊重我。

　　每個人的性格、成長背景、經歷和感受各有不同，正如我深信，那人永遠不會明白烏龜對好姐的重要。

　　我叫好姐不用擔心，有需要的話，請隨時找我。

　　這是我經常對獨居兩老長者說的對白：「有需要的話，請隨時找我！」

74. 義氣阿婆

九十四歲，從沒結婚，亦沒近親，有位名義上叫「侄兒」的作緊急聯絡人，但絕少聯絡。

雖然行動麻麻，但中氣十足；雖然一個人住，但十分健談；堅拒上門送飯，説飯餸又冷又淡；安老院更不用多提，提得多，傷感情！

不提老人院，談日常生活吧！堅持每天到樓下公園乘涼，説要鍛鍊腳骨力。買餸託鄰居幫手、買日用品託教友、家居清潔和陪診就託救世軍。雜物不算多，但空氣中明顯彌漫著一陣異味。

沒見她三個月，她讚我漂亮了！我讚她視力好，可以做消防員！彼此説説笑笑，又過了十分鐘。

見她邊回答我問題、邊低頭在手袋尋寶，早深感不妙；果然不出我所料，袋裡露出紅色利是封，我隱約看見一條紅衫魚。

我立即從椅上彈跳起來，準備和她告別。

她大叫：「阿肥姑娘！」

我大叫：「唔駛喇！」

她大叫：「阿婆俾妳一定要收！」

我大叫：「我收咗一定俾人炒！」

她大叫：「妳唔講出去冇人知！」

我大叫：「我要返中心做嘢先！」

我走出門口，她走近我，繼續大叫：「阿肥姑娘呀！阿肥姑娘！」

　　「唔駛喇！唔收得㗎！收咗洗定屁股坐花廳喇！多謝妳呀！妳好好保重！有需要就搵我啦！」我替她拉好鐵閘，按升降機，逃亡！

　　她，為人慳儉、沒有收入、只有綜援。但像她那樣，慳儉又塞利是給我的，不止一個。只怪阿肥姑娘沒用，一世也嫁不出；有些老友記更聰明，說不是給我，是給肥媽的！

　　每一封利是，我都堅決拒收！每一份心意，我會永遠記住！

　　「義氣婆婆，多謝妳！妳嘅好意，我心領！妳嘅中氣，好犀利！妳嘅視力，冇得頂！妳的義氣，我銘記！祝妳繼續中氣十足！雙眼炯炯有神！天天健康平安！開心活到百二歲！」

75. 相思的橋樑

相傳月老是掌管男女姻緣的公公，臉上掛著白鬍鬚、散發慈祥的紅光、左手拿著姻緣簿、右手持著長枴杖、擅長用紅線綁牢一男一女的手，讓兩人有緣成為一對佳偶。

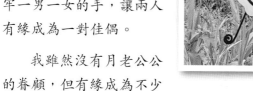

我雖然沒有月老公公的眷顧，但有緣成為不少公公婆婆的小北斗，為他們搭建相思的橋樑，八十五歲張伯和八十二歲張太是其中一對。

2022年9月21日，我在中心伴在張伯身旁，透過視像電話，和他那剛在深切治療部（Intensive Care Unit）病房甦醒的太太用普通話説了以下這番話：

「妳先不用想太多，好好休息，醫生和姑娘會替妳安排，好好照顧妳。妳的老公就交給我吧！我會伴著他、幫助他的！他每天都很想妳呢！我們一起為妳打氣啊！」

上月初從屋邨商場扶手電梯滾下來，腰骨折斷，因怕做手術會一睡不起，堅決不肯動手術；只能戴著腰封躺在病床，等腰骨自行癒合，痛到動也不能動。

幾經解釋和勸説，終於肯動手術了，怎想到昨天早上為她進行全身麻醉後，血壓突然急降，心跳也急跌，手術尚未展開，

先要被送往 ICU 搶救！

　　張伯外型高大、性格強悍、思維清晰、有主見和大男人風範，但內心一直對太太牽腸掛肚。

　　為了到醫院探望太太，按時往球場排隊做核酸檢測不特止（因新冠肺炎疫情關係，醫院收緊探病措施，除了每星期只得一天（每次兩小時）探病時間外，進病房前必須手持四十八小時有效核酸檢測證明），還要細看我為他編寫的行程路線圖（因太太先後轉過兩間醫院和四間病房），獨自一個摸黑探路，絕對是身心大作戰！

　　張太心思細密、性格果斷、保守固執、和張伯同樣強悍、年輕時任教師、有女強人風範；兩人走在一起，不時會有磨擦，但從日常生活細節可看出，她很著緊張伯，很依賴他。

　　彼此相依相伴五十九年，他倆在港沒有親人，既然緣份讓我們相遇，我一定要好好關顧他們；事實上，我亦早視他倆為我的外公外婆了。

　　因為言語不通（兩人同操普通話），加上張伯的聽覺不好，我一直擔當著他倆和醫護人員之間溝通的橋樑。感謝 ICU 病房姑娘和醫生的體諒，讓我今天能再為他倆安排一次視像通話（這次是第四次），讓丈夫慰問剛甦醒的太太好，讓太太向丈夫撒撒嬌都好，總之讓他倆見一見面就好，見得一面得一面就好。

　　當心愛的人還在，儘管過程艱辛兼重重障礙，我也會盡力替他倆綁緊手上的紅線，不讓它輕易折斷；我希望幫他倆緩解相思之苦，盡量減少遺憾和永久創傷出現的機會。

我拍拍張伯的肩膀，看著手機的螢光幕，即場高唱一首勵志歌曲為他和太太打氣！

　　「命運就算顛沛流離，命運就算曲折離奇，命運就算恐嚇著你做人沒趣味；別流淚心酸，更不應捨棄，我願能一生永遠陪伴你！」

　　真的！不用怕！我會盡力為你倆搭建相思的橋樑，緊握你倆的手，和你倆一起面對、一起走下去！

"Let life be beautiful like summer flowers and death like autumn leaves."

76. 喜歡讚美的馬明

「阿肥姑娘，我特登上嚟探妳，我想讚美妳呀！」

午飯時間剛過，接待處同事告訴我，有位伯伯在等我。

我一看，原來是貌似馬明的九十歲包伯伯；我常想，四十五年前的他，應該和馬國明更相像。

「包伯伯，你好！食飯未？」

「我食咗喇！阿肥姑娘，妳呢？」

「我食咗杯麵喇！」

「哎呀！妳唔好成日食杯麵呀！冇益㗎！」

包伯伯聲如洪鐘，因其雙耳幾近失聰；慶幸我的聲線也不弱，小學經常勝出朗誦比賽。

「阿肥姑娘，我頭先啱啱喺客廳寫咗封信俾妳，我想讚美妳呀！」

我見他手上拿著一張單行紙，裡面疑似捲著一條紅衫魚。

「你封信好似包住啲野喎！乜野嚟？俾我睇吓！」

「哎呀！小小心意嚟咋！我想讚美妳嘛！所以奉獻二百蚊！」

「讚美我唔駛捐錢嘅！你留返自己慢慢用啦！」

我實在於心不忍要他的捐款，上次他已用相同的理由買了三盒機構慈善月餅，花掉了五分一綜援金！我知道時已經太遲，因他向其他同事買的。

九十歲的他，獨身獨居數十年，一直辛勤工作、自食其力；直到七十五歲退休，才迫於無奈申領綜援，生活慳儉，常一個飯盒分兩餐。

「吓？唔捐錢呀？唔緊要啦！我寫咗落封信度喇！感謝阿肥姑娘嘅幫助，包伯伯小小心意，奉獻二百蚊！」

「我幫你剪咗最尾嗰句佢，啲錢你袋返好，紙就放入意見箱啦！」

他覥腆地把紙放入意見箱，繼續聲如洪鐘說：「係呀！我頭先喺客廳見到妳有支巨型錦旗呀！我知旺角有間舖頭專造錦旗㗎！我想送多一支俾妳呀！」

我聽後大驚：「你千祈唔好送呀！我要咁多支錦旗做乜？用嚟蓋棺咩？」

「我想讚美妳嘛！」

「你唔好再啦錢喇！」

旁邊長者和同事聽見我倆的對話，忍不住咧嘴而笑。

「你唔係嚟開月會咩？我送你落一樓禮堂啦！」為了阻止他繼續發錦旗夢，我必須盡快分散他的注意力。

「哎呀！唔好意思呀！阻住妳做嘢添！阿肥姑娘，多謝妳呀！我真係想讚美妳㗎！」

「我知道喇！我收到喇！好多謝你呀！但你唔好再啦錢喇！你封感謝信已經係最好嘅讚美喇！」

我，只是在他跌倒骨折留醫時致電慰問他、他出院後上門探望他、幫他分藥、整理覆診紙和安排義工陪診；以及幫他申請了一部優惠價熱水爐和一部免費冷氣機。

但，原來對於他來說，我就像天使一樣，在他最感孤單無助時，我悄悄降臨到他身旁，給他力量和支持。

千萬不要小看你為別人伸出的一雙援手，因為當有天換轉你是他，你就會明白，這份恩情記憶將會是恆久。

77. 生死時速

2021 年 1 月 21 日,我和包伯伯經歷了一場生死時速!

我想,假如剛才我沒親自送他回家,今晚新聞報導會否出現一宗震撼全城的爆炸慘劇?

今早回到中心就一直開會,直到下午 3 時 45 分才返回座位,看見有數張便條貼在枱頭,五張都註明「急覆!」。

花了十分鐘匆匆吃個杯麵,我先回覆今早往醫院覆診的九十一歲包伯伯;致電他手機,沒有人接聽。

正準備致電醫院查詢病人位置,此時包伯伯回電,告訴我剛到了我機構樓下診所看醫生;我被他弄得莫名其妙,怎麼上午往覆診,下午又看醫生?

「我今朝早覆完診喺醫院門口跌倒,宜家隻手好痛呀!」

包伯伯聽覺不好,我叫他在診所等我,我立即下來找他。抵達診所,同事說他已離開,以他的步速,加上要用輪椅借力,我估計他走得不遠。果然,沿著他回家的路步行不久,我看見他正坐在輪椅上喘息。

我立即上前慰問他的傷勢,他看見我頓感喜出望外,訴說受傷經過。原來他今早往伊利沙伯醫院覆診後於門口跌倒,保安隨即把他送回急症室;照過 X 光和包紮傷口後,醫生囑咐他回家休息,但他回家後發現左手劇痛,遂推著輪椅借力,到我機構樓下診所看醫生。

我問包伯伯吃過午飯沒有,他表示沒有。我見那時將近 5

時，遂建議幫他買飯，再送他回家。包伯伯婉拒我的好意，表示身上仍有我給他的飯票，他可以自己慢慢行往對面餐廳換飯。說時遲那時快，他從輪椅站起來，欲展現其步行能力。

我見他手腳貼著紗布，站起來頗感吃力，立即命令他坐下！告訴他，我先用輪椅推他到家樓下，再往餐廳幫他買飯，然後送他回家；他說不過我，唯有乖乖就範。

我安頓包伯伯坐在大堂保安處，往對面茶餐廳替他買了兩盒雞柳飯和熱奶茶，來回加等候時間，花了近廿分鐘。我拿著外賣回來，他不好意思再麻煩我，叫我把飯盒放在他的輪椅座位，他自行推上樓。

我當然不允許他這樣做，再次命令他坐下，他不敢違抗我的命令，再度乖乖坐下。我推著包伯伯返抵家門，他花了近三分鐘才找到門匙，正當我協助他拉開鐵閘和木門之際，我和他都被眼前的景象嚇呆了！

全屋煙霧彌漫，有濃烈的燒焦氣味！

包伯伯大叫「死喇！死喇！」，邊竭力「急步」走進廚房把爐關上。

我見那個只容得下一個人站立的廚房，煲底燒著，冒出大量白煙！

狹窄凌亂的單人屋，連轉身也很困難，由於屋內的窗全關，我全身都沾染了燒焦氣味。我安撫包伯伯，叫他保持鎮定。我幫他把所有窗打開，他像犯錯的小孩一樣，眼含淚光，邊咳嗽，邊自責。他罵自己是多麼大意和愚蠢，剛才急著看醫生，竟忘了自己在煲水！

我見有幾隻全黑的雞蛋貼在煲底，猜想應該是他的午餐，幸好我替他買了兩個飯盒，他不用捱餓到天亮；更慶幸的是，剛才我堅持送他回家，否則後果一定不堪設想！

我視察他櫃枱上的兩隻烏龜，一隻驚得把頸伸得長長、一隻把頭沉在水底閉氣，眼見兩隻都沒有即時生命危險，我也稍為放心，否則包伯伯一定會為自己的誤殺罪而深感罪疚。

我叮囑包伯伯吃飯後好好休息，我也是時候要回中心工作，步行回中心途中，我想起了電影《生死時速》。

假如，包伯伯剛才沒致電我、我沒立即前往找他、找到他之後沒堅持替他買飯和送他回家，結局會是怎樣呢？

晚上 7 時，所有同事已經下班，寂靜的辦公室裡，揚起我響亮的聲音。

我先致電包伯伯姑表的兒子（包伯伯單身，唯一至親是姑表，但姑表已年屆八十二，我不想他老人家擔心，唯有致電姑表的兒子），再致電和包伯伯相熟、剛往巡樓的大堂保安，告知他倆案發經過，拜託他倆多關照包伯伯；而我亦會和包伯伯保持緊密聯絡，提供適當援助。

晚上 8 時 30 分，完成所有工作，可安心放工了。

媽，今天我又做了一件好事，一件頗為驚險的好事，我成功阻止了一宗爆炸慘劇的發生；成功的原因，源於妳遺傳給我的愛心。

謝謝妳給我一顆熾熱的愛心，陪伴不少無依的長者，走過他們孤獨的人生。

21.1.2021

好險！差啲升天堂！

78. 包伯伯的驚喜午餐

　　我有個習慣，當一些平時經常找我的長者突然消失了一段時間，我一定要主動找到他們，聽到他們的聲音才安心；九十二歲的包伯伯，是其中一個。

　　我陪包伯伯經歷很多：陪覆診、陪上庭、陪見律師、寫求情信、幫他和侄女講數（事緣那個沒聯絡廿年的侄女一天突然邀約包伯伯出外飲茶，說要照顧包伯伯，要求包伯伯加她的名字進公屋戶籍）、生死時速等。

　　我對包伯伯好，不是因為他貌似馬明，而是因為他年紀大、單身、沒有近親；更重要的是，我知他面對不少困難，他信任我、亦需要我。

　　能活過九十歲已經不易，能獨自活過九十歲更不容易，我平日接觸很多長者，他們都年事已高、沒有親人、獨自生活，因為緣份的牽引，我成了他們至親的人。

　　包伯伯年紀大，但記性好；聽覺差，但視力佳；腳步不穩，但自信爆棚；生活慳儉，但樂善好施；他熱愛生命，享受生活，渴望長壽，用膠箱養了兩隻烏龜。

　　2022 年 7 月 21 日，剛致電他，聽他說下星期二要獨自前往醫院做檢查，上午注射顯影劑，下午做骨掃描；驅使我不得不立即放下手頭上的工作，上門和他講數（因包伯伯雙耳幾近失聰，在電話裡完全聽不到我的說話）。

　　去年他獨自往伊利沙伯醫院覆診，已在急症室門口跌個五體投地，今次的行程比上次更加複雜，我一定要找義工陪他前往。

眼見快到中午時間，我買了他最喜歡的雞柳飯、例湯和熱奶茶。包伯伯驚喜接過外賣，放進狹窄凌亂的廚房，怎知才步出廚房門口，「嘭！」一聲，整袋外賣翻倒在地上垃圾桶旁！

我叫他專心處理那袋奶茶四濺的外賣，我替他檢視床上那大疊皺褶的覆診紙。

我致電回中心和同事商討義工陪診安排，把所有細節寫在紙上；囑咐他下星期二早上穿好衣服在家等我，我會和義工一起上來接他。交代好一切，我回中心工作，他也要吃飯了。

「哎呀！好彩倒瀉咗少少咋！仲好滿呀！」他開心地把那杯奶茶拿出來，放到床邊的小櫃枱上；櫃枱上放著一張照片，那杯奶茶似在供奉相中的人。

照片中的人，是我！我手上拿著那支巨型錦旗，是他送給我的！

包伯伯送我出門口，我叫他不用擔心，總之有需要的話，隨時找我！

午飯前三分鐘，收到他的來電，一個只有他說、沒有我說的來電：

「阿肥姑娘，杯奶茶好好飲呀！我最鍾意就係飲奶茶㗎喇！碗湯都好靚呀！阿肥姑娘，多謝妳呀！包伯伯一萬個多謝妳呀！我宜家食飯喇！妳都午飯愉快呀！拜拜！」

79. 我和撥扇婆婆的情緣

我常覺得，作為外展社工，常要獨自四圍去，接觸不同的人，面皮一定要夠厚、夠主動、夠獨立、夠大膽、夠耐性、不怕辛苦和日曬雨淋。

過程中，有時難免會遇上挫折、驚險和挑戰，但當看見服務對象因你的出現而改變，內心會感到振奮和安慰，再辛苦也是值得的。

從事獨居兩老支援工作逾十三年，最令我感欣慰的是，不少長者最終會做了我的角色；撥扇婆婆，是其中一位。

我和撥扇婆婆的緣份，始於 2015 年，有次我外出家訪，在屋邨樓下公園遇見她。當天天氣清涼，我見一位身子寒背的婆婆衣衫單薄、走路一枴一枴的，於是立即上前認識她。

八十三歲，老公逝世多年，子女全在大陸，香港只得她自己一個。我旋即把她納入關顧名單內，定期致電慰問、上門探訪、替她向房署要求維修鋁窗、贈送物資及禦寒衣物、安排義工替她維修剝落天花、給飯票她往餐廳吃飯、安排小朋友義工上門探訪送贈禮物。

看著她那原本苦瓜乾的臉漸漸多了笑容，我感到很欣慰；雖然天生多愁善感的她，性格依然感性、雙眼很淺、很易感觸、很容易哭。

而當中最大的改變是，過往習慣自己一個、獨來獨往的她；認識了我半年之後，竟開始主動打電話給我！她會叮囑我小心身體，吃多一點、睡多一點；天氣冷要多穿衣服，千萬不要著涼；

簡單說，她抄襲了我的對白，扮演了我的角色。

2019 年 12 月，疫情爆發前，撥扇婆婆回大陸探親，因急病進了當地醫院，情況一度危殆。隨著之後封關，她不能回港，我亦和她失去聯絡。

直到 2021 年 6 月，一天，我突然收到一個來自大陸的長途電話，原來是撥扇婆婆大陸的兒子致電給我。兒子告訴我，他從剛跨過鬼門關的媽媽身上找到一張合照及我的卡片；原來，撥扇婆婆一直把我送給她那張 A4 過膠大合照和卡片隨身攜帶。

兒子說有件重要的事情跟我商量，因媽媽身體轉差，現需使用呼吸機，他和兩位妹妹商量後，決定接她返大陸同住，方便照顧。兩位妹妹稍後會帶她回港辦理手續，他需要我的協助。聽見撥扇婆婆終於可以和子女一家團聚，我實在替她高興，當然立即答應。

闊別兩年，2021 年 8 月，我終於和撥扇婆婆再度相見。

鼻孔插著「貓鬚」（呼吸機膠喉管）、由女兒推著輪椅前來中心找我的她，一如過去看見我一樣情緒激動，握著我的手哭了出來：「阿肥姑娘呀！我以為我以後見唔到妳喇！我差啲死呀！宜家見返妳真係太好喇！我好掛住妳呀！」

撥扇婆婆，我又何嘗不掛住妳？

我用了三星期時間，幫她向社會保障部及房署辦理轉移綜援金、回大陸定居、及退還公屋手續，最後一次見她，是 2021 年中秋節前一天。

我和撥扇婆婆影了最後一張合照，再次即時用印表機列印出來過膠給她留念，她握著我的手，哭得很淒涼。她說會永遠

記得我，永遠不會忘記我；我望著她那堅定的表情，亦對眼前這位近九十歲的可愛婆婆十分有信心！

大家可能會問，為甚麼她叫「撥扇婆婆」？

事緣有年夏天，我上門探望她，發現她家廳中一扇鋁窗脫了窗鉸、搖搖欲墜，僅靠兩條尼龍草和索帶綁著。

她十分憂心、淚眼汪汪的告訴我，尼龍草和索帶是樓下保安幫她綁的，她已找過房署幾次，但過了兩星期依然沒有人聯絡她，未來兩天將會打風，她很害怕那扇窗會飛落街。

我聽後即時「火都嚟埋！」，立即替她致電房署了解。

當天天氣很熱，她家沒開風扇，我見有把風扇用膠袋包著，放在上格床上。正當汗流浹背的我和房署談到臉紅耳赤，忽然感到背部傳來陣陣涼意；我回頭一看，看見身上穿著破洞布衫、臉露無牙笑容的她，正拿著一把廣告宣傳紙扇，很落力地在撥呀撥。

「阿肥姑娘，我見妳好熱呀！咁樣涼快啲呀！」

我被她的創意和誠意所打動，得到她的同意，影了一張照片留念。

撥扇婆婆，謝謝妳！妳真的很窩心！很可愛！

阿肥姑娘同樣會永遠記得妳！

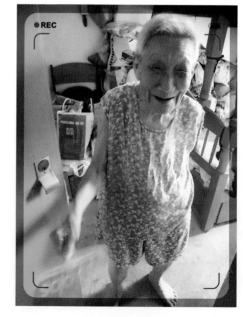

80. 飛鼠的翅膀

我經常努力地想，地上和天國的距離有多遠？我怎樣才可把妳我的距離拉近一點？

於是，我經常獨自流浪，往高處的地方走，遠征大澳虎山、登上西高山、勇闖鷹巢山；可惜每次都只能站在高處，失落地仰望遙不可及的白雲，失望地俯視山下壯麗的風景。

乘飛機？沒有用！困在密封的機艙內，連窗外雲層的冰鮮空氣也呼吸不到。假如乘飛機就可接近妳，天堂應該設有飛機場，飛機應改名為「天堂號」。

降落傘？沒有用！明言是降落，即方向朝下，並非朝上，落腳點通常是下面的草原或海洋，而不是比雲層更高的天堂。

笨豬跳？沒有用！攀是攀得高，但最終是要跳下來，在地心吸力的法則下，我想感覺應該和落地獄更相似。

滑翔傘？沒有用！但這個我很想試，因在天空飛翔期間，或許我能滑過天國的窗口輕輕望妳一眼。不過，問題是滑翔傘張開後，頭頂會被一顆巨型大蘑菇籠罩，它或許會阻擋妳俯望我的視線，讓我倆的眼神未能有緣相遇。

我繼續努力搜尋，終被我發現有種極限運動名為「飛鼠裝滑翔運動」，運動員穿上飛鼠裝，坐直升機飛到雲層凌空一躍，打開手腳張開身體，就能在天空自由飛翔。

2022年8月26日（五），八十七歲的何伯右手篤柺杖，左手拿著一支疑似魚竿的物體上來中心找我。

我雙手接過他送給我的魚竿，一打開，原來是一支巨型錦旗。

原來，繼包伯伯之後，他同樣篤著柺杖，到了旺角一個不知名的地方，弄了一片飛鼠翅膀給我。

我忽發奇想：假如我把過去收到的三大一小錦旗蓋在身上，不知能否一躍之後直飛天國？

假如每支錦旗都有其飛行魔力，不知它們能否把我包著，讓我變身氫氣球飄到妳的身旁？

假如錦旗上的文字代表我過往的業績，不知天父會否願意簽發一張特快天國通行證給我？

假如我把收到的飛鼠翅膀全送給妳，不知妳會否笑到見牙不見眼，從此不再丟下我一個？

我一定要努力收集更多飛鼠的翅膀，直到一日有足夠力量飛回妳的身旁！

降落凡間的天使——
肥媽的故事

阿肥

天使的故事

媽，我們永遠愛妳！(1943 - 2020)

她的童年

　　肥媽於 1943 年舊曆三月二十五日（新曆 4 月 29 日，和妹妹同月同日）在江蘇省江陰出世，她說其出生地方有座寶塔，她的童年就在那裡渡過。

　　肥媽有一姊一兄，她排行最小、最純、最乖，但外婆對她最嚴苛。肥媽很喜歡唸書，最愛音樂和算術，品學兼優的她，在校內常獲老師頒發紅領巾。肥媽最不喜歡體育，每逢跳高和跨欄，杆也不知給她飛到那裡去？（這個我和她一模一樣！）肥媽十五歲那年，外公申請她和外婆來港，自此外婆逼肥媽放棄學業，賺錢養家。

她的孝義

　　肥媽的婚姻是外婆逼成的，外婆為人專制，看中肥媽溫馴的優點，肥媽在紗廠工作時，已把全部血汗錢奉獻給她。外婆逼肥媽下嫁一個經同鄉介紹、年齡比她大十一年、彼此不相識的男人，主要因為男方雙親均在內地，外婆可以一世跟隨肥媽生活。肥媽因為孝義犧牲了自己的幸福，但她依然深愛外婆；我們一直和外婆同住直到她八十七歲，最後全身完好無缺下魂歸天國。

她的品性

　　肥媽一生遭逢很多不幸，曾接受多次手術；家人對她不好，讓她承受不少委屈。外婆專橫、外公離家、舅母欺凌、老豆不忠，但她都一一原諒對方，繼續無條件為家人付出。

　　肥媽最愛外婆和我們三個女兒，外公長居美國，她一直有

寫信、打長途電話和匯錢給他；還親身飛往美國三次，照顧因跌倒受傷和中風引致行動不便的外公。肥媽最後接了外公回港照顧，直到外公因心臟衰竭離世。

由小到大，肥媽對家人和家貓的照顧都無微不至，把家裡打理得井井有條。肥媽很喜歡貓，所以由小到大，家裡一直都有貓；她還把愛心伸延到給街上的流浪貓，經常風雨不改前往餵飼牠們，甚至曾拯救在公園生蛋的龜媽媽。

事緣有天早上，肥媽如常到公園餵貓，看見一隻龜媽媽在泥土生蛋，她怕泥土不像沙粒，太過結實會令小龜爬不出來，遂跑往圖書館借書看龜蛋孵化時間，計算好日子，再往公園用手扒開泥土把牠們救出來。她的細心和苦心，讓十隻小烏龜平安誕生，從泥土裡鑽出來，隨龜媽媽爬進池塘去。

要數肥媽的優點，可謂數之不盡：善良、親切、大方、堅強、孝順、勤力、細心、勇敢等；可是，當中一項優點也是缺點，就是太善良大方，一生常遭人欺負。

她的坎坷

肥媽一生接受過五次手術，四次源於1971年一宗醫療事故，那次她不但失去了寶貝初生兒子，更被狂妄的醫生在腹部錯開一刀！

因為醫生亂縫傷口引致發炎，害苦肥媽接著廿多年承受多次剖腹縫補手術。第五次手術則由於膽生結石，需把整個膽臟開刀切除。

肥媽一生勞碌工作，賺錢養家四十多年，做到五十七歲才退休。六十二歲那年不幸缺血性中風，從此再不能吃喝、坐立、步行；但她十分堅強勇敢，努力學習郁動肢體和説話，協助我和妹妹照顧她。

因我們家住唐樓，沒有升降機，我被迫送了她進護養院，和她一起展開長達十四年半、百感交集的院舍生活。

肥媽一直想回家，而我亦渴望帶她回家，所以我一直努力儲錢，望能圓成我倆的心願。儲了足足十二年，2017年9月，我終成功儲到首期，買到一間尚在興建的小堡壘（預計一年後落成），怎想到肥媽卻突然確診乳癌，醫生説情況並不樂觀，即使接受極痛苦和昂貴的雙標靶治療，也未必可以捱得過一年。

翌年9月，小堡壘落成，我拿堡壘鑰匙那天，肥媽卻突然第二次嚴重中風！原以為今世也不能圓成帶她回家的心願，感恩天父的憐愛，聽見我哭泣的禱告，最終成就了我帶她回家的願望。感謝中華基督教會英華堂陳德義牧師親臨醫院為肥媽施洗，讓她進一步靠近天父。

肥媽留醫四十天，當醫生宣佈放棄她，我決定抱她回堡壘，送她今生最大的一份禮物。接著九個月，我申請過三次無薪假期，前後抱了她回堡壘八次，彼此相依一百一十一天。

她的堅毅

　　肥媽一生身經百戰，但她從不退縮；身心雖然受苦，但一直堅強忍受；為了自己心愛的人，她甘願付出一切，不論耗盡積蓄（幫爛賭老豆還賭債）、勞碌奔波（照顧受傷患病親人）、體力透支（辛勤工作全年無休），她都默默忍受，熱愛生命和家人。即使癌細胞和腦血管病變不斷吞噬她的軀體、感官和能力，但她依然費盡洪荒之力苦戰下去！

　　艱苦抗戰十四年四個月零廿二天，2020 年 1 月 30 日下午 5 時 30 分，肥媽耗盡了全身力氣看了我們三個女兒最後一眼，終完成其使命，在天使護送下飛往天家！

終　結

寫在寄出情書前

完成了！終於完成了！

踏進時光隧道，重溫珍貴回憶，經歷思緒起伏，盡訴千言萬語。

由 2022 年 3 月 29 日起筆，直至 12 月 29 日交稿，這本寄給天國的情書，終在百感交集情況下完成了！

原來，要把大半生的記憶和情感融合在一本書裡絕對不易！加上我希望此書盡量只盛載祝福和心意，不想再增添肥媽的眼淚和負擔，就更不容易了！

我不是甚麼知名作家，只希望在世界上留下一點和肥媽相愛的痕跡；加上我安老服務社工的身份，有緣遇上很多不同的人，過程中經歷很多感人的事，我想把它們記錄下來，和大家一起分享，喚起大家心中的愛和關注。故此，我希望把此書送給在天國的肥媽之餘，同時送給在這世界上不同角落的朋友。

假如你和我一樣，曾有過近似經歷，相信更能體會書中的意義和感覺！我想以下幾類朋友，應更容易產生共鳴：

1) 很愛媽咪的人
2) 照顧親人的人
3) 痛失親人的人
4) 喜歡動物的人
5) 關心長者的人
6) 熱心助人的人
7) 喜歡獨處的人

時間一分一秒的流走，逝去的永遠不能返轉頭，或許我們都曾有過遺憾，有過失去摯愛的痛苦，但和對方共同擁有的記憶，將永遠不會失去！

沒有人能預知未來，亦沒有人能掌控命運，但我們能在人生旅途上作出選擇！是愛還是不愛？堅持還是放棄？假如你能找到自己，沒有東西阻礙得到你！

肥媽在我剛過二十八歲生日後八天突然嚴重中風，從此再不能坐穩、進食、站立和步行，我擁著心愛的她，拜託她千萬不要擔心成為我的負擔。

她照顧了我二十八年，我至少要照顧她二十八年！遺憾的是，命運從來不是由我來掌控，劇情發展亦不如我心中所想；我對肥媽的救治和照顧不是甚麼報答，而是逼她上戰場，害她渾身淌血、遍體鱗傷！

不過，話雖如此，假如讓我重新選擇，我依然會作相同的決定！因為，肥媽只得一個，失去就沒有了；正如我深信，假如病倒的是我，肥媽亦一定會救治和照顧我，絕對不會捨棄我！

謝謝你願意拿起這本書，謝謝你耐心細看我和肥媽的故事，這本寄往天國的情書，是我送給肥媽的心意，同時亦蘊含我給大家的叮嚀和祝福。

假如你仍然擁有，請你一定要好好珍惜。

假如你已經失去，請你抱緊珍貴的回憶。

假如你心中有愛，請多分享給身邊的人。

假如你身處困境，我願意和你一起努力。

肥媽 天家再見 1943~2020

黃昏雖是黑夜的前奏，但假如用平靜的心細看，不失為一個美景。

　　肥媽的一生雖然艱苦，但正因為她的愛和犧牲，成就了我的人生。

　　希望肥媽會喜歡我的心意，亦希望你們喜歡這本情書，小北斗會繼續在夜空發光發亮，靜待一天返回肥媽的身邊。

　　祝願天國的肥媽、大咪、小咪和二筒幸福快樂！

　　祝願大家和心愛的人幸福快樂！

　　有空的話，歡迎你到我的 Facebook 專頁《小北斗的夜空》探望我；就讓我們約定：「夜空再見」！

小北斗的夜空 之
寄往天國的情書

圖・文： 阿肥

編輯： 青森文化編輯組

設計： 4res、阿肥

出版： 紅出版（青森文化）
地址：香港灣仔道133號卓凌中心11樓
出版計劃查詢電話：(852) 2540 7517
電郵：editor@red-publish.com
網址：http://www.red-publish.com

香港總經銷：聯合新零售（香港）有限公司
台灣總經銷：貿騰發賣股份有限公司
地址： 新北市中和區立德街136號6樓
電話： (886) 2-8227-5988
網址： http://www.namode.com

出版日期： 2023年4月
ISBN： 978-988-8822-41-6
上架建議： 心靈勵志／成長散文
定價： 港幣140元正／新台幣560圓正